ANTOLOGIA POÉTICA

ANTOLOGIA POÉTICA

FERNANDO PESSOA

ORGANIZAÇÃO E INTRODUÇÃO
Walmir Ayala

Editora
Nova
Fronteira

© 1985, da organização by Walmir Ayala
© 2010, da coordenação editorial by André Seffrin

Direitos de edição da obra em língua portuguesa no Brasil adquiridos pela EDITORA NOVA FRONTEIRA PARTICIPAÇÕES S.A. Todos os direitos reservados. Nenhuma parte desta obra pode ser apropriada e estocada em sistema de banco de dados ou processo similar, em qualquer forma ou meio, seja eletrônico, de fotocópia, gravação etc., sem a permissão do detentor do copirraite.

EDITORA NOVA FRONTEIRA PARTICIPAÇÕES S.A.
Rua Candelária, 60 — 7º andar — Centro — 20091-020
Rio de Janeiro — RJ — Brasil
Tel.: (21) 3882-8200

Foto de capa: *Círculo de Leitores, Fernando Pessoa - Obra Poética, Vol. I*

Dados Internacionais de Catalogação na Publicação (CIP)

P475a   Pessoa, Fernando, 1888-1935

        Antologia poética / Fernando Pessoa ; organizado por Walmir Ayala. – [Edição especial] – Rio de Janeiro : Nova Fronteira, 2022.
        128 p. ; 12,5 x 18cm ; (Clássicos para Todos)

        ISBN: 978-65-5640-562-9

        1. Literatura brasileira – poemas. I. Ayala. Walmir.
II. Título

                      CDD: B869
                      CDU: 82-31 (81)

André Queiroz – CRB-4/2242

CONHEÇA OUTROS
LIVROS DA EDITORA:

Sumário

Introdução 7

PARTE 1: FERNANDO PESSOA — ELE MESMO

De *Mensagem*
   As quinas 17
   Mar português 18
   Os tempos 20

De *Cancioneiro*
   Hora absurda 21
   Passos da cruz 25
   O menino da sua mãe 27
   Autopsicografia 28
   Isto 28

PARTE 2: ALBERTO CAEIRO / RICARDO REIS / ÁLVARO DE CAMPOS

De *Poemas de Alberto Caeiro*
   O guardador de rebanhos 33
   Poemas inconjuntos 41

De *Odes de Ricardo Reis*
   Sábio é o que se contenta com o espetáculo do mundo 47
   O mar jaz; gemem em segredo os ventos 47
   Para ser grande, sê inteiro: nada 48

De *Poesias de Álvaro de Campos*

- Ode triunfal 49
- Ode marítima 57
- Passagem das horas 89
- Soneto já antigo 108
- *Lisbon revisited* 108
- Tabacaria 110
- Apontamento 116
- Aniversário 117
- Poema em linha reta 119

Sobre o autor 121

Introdução

Num texto sobre sociologia política, recentemente publicado, Fernando Pessoa escreveu: "Eu, da raça dos descobridores, desprezo o que seja menos que descobrir um novo mundo!". Referia-se à mediocridade do messianismo populista em confronto com o conceito aristocrático do liberalismo, repudiava o misticismo do estado mental dos revolucionários espelhando o caráter reacionário e religioso do bolchevismo no caráter reacionário e religioso do cristianismo. Em tese, digamos, já que é possível extrair nuances históricas conflitantes de ambas colocações, quer no aspecto político, quer no aspecto da religiosidade. Embora não estejamos aqui concentrados em analisar as posições políticas de Fernando Pessoa, mas a sua carismática poesia, é bom atrelar o carro a esta espécie de lucidez que se lança sempre em espelhar os opostos, em não acreditar na fixidez das convicções, em ser sempre um descobridor, fiel descendente da raça dos navegadores.

Em Fernando Pessoa, especialmente na sua poesia, consuma-se aquele estado ideal de comunicação, pelo qual o leitor passa a ser parte integrante da ação poética, porque o que o poeta diz impregna-se de uma verdade de vida, que consiste exatamente em não decretar verdade nenhuma. Já no espantoso fenômeno da invenção dos heterônimos (vários poetas falando pela boca de um só poeta), Fernando Pessoa quis traçar seu mapa do tesouro, cuja paixão consiste na aventura da procura, mais do que no prazer definitivo da descoberta. Fernando Pessoa não quis o definitivo, deixou abertas todas as possibilidades conceituais da dúvida e através dela permitiu ao leitor comum o supremo prazer de se reconhecer inventor, copartícipe de uma cínica e fascinante teoria do fingimento. Diz ele:

O poeta é um fingidor.
Finge tão completamente
Que chega a fingir que é dor
A dor que deveras sente.

Neste poema, que não colocou na boca de nenhum de seus heterônimos, Fernando Pessoa concentra uma definição meridiana de seu desafio: a não necessidade de se engajar no conceito tradicional (e convencional) de fidelidade a si mesmo, tão caro aos poetas conservadores. É evidente que os sentimentos humanos são comuns, sejamos um filósofo ou um padeiro. O que diferencia as situações é o nível de invenção, é o "fingimento" que nos confere o direito de simular o genuíno, cabendo à voltagem dessa simulação a qualidade da experiência. Fernando Pessoa partiu do exemplo da literatura dramática (ou dramatúrgica) para se identificar como um poeta dramático — Lady MacBeth seria tão real quanto Shakespeare — e assim Álvaro de Campos teve a liberdade de nascer e morrer, como Caeiro e Ricardo Reis, do organismo integral e absoluto de Fernando Pessoa. Pode-se dizer até que o suporte desta invenção sem precedentes, a vida corrente e trivial do poeta, foi linear e medíocre. Estudos normais, instabilidade econômica, empregos irrelevantes, todo um curso asfixiante de dias sob os quais (ou acima dos quais) palpitava a genialidade de um criador que declarou: "Um passo mais na escala poética, e teremos o poeta que é uma criatura de sentimentos vários e fictícios, mais imaginativo do que sentimental, e vivendo cada estado de alma antes pela inteligência que pela emoção." Diante desse cenário é pungente ouvir ainda de Fernando Pessoa a confissão desolada, pela boca de Caeiro: "Se depois de eu morrer, quiserem escrever a minha biografia, / não há nada mais simples. / Tem só duas datas — a da minha nascença e a da minha morte. / Entre uma e outra coisa todos os dias são meus."

Numa carta reveladora que remeteu a João Gaspar Simões em 1931, Fernando Pessoa pretende entregar ao crítico, e ao leitor, a chave-mestra de seu laboratório criador. Este enigma se multiplica em muitos textos teóricos de Fernando Pessoa, e mesmo nas linhas e entrelinhas de seus poemas, cuja grande maioria é uma permanente e obsessiva Arte Poética. Mas vamos a um trecho da citada carta que, pela síntese e prazer de definição, torna-se exemplar:

O ponto central da minha personalidade como artista é que sou um poeta dramático; tenho, continuamente, em tudo quanto escrevo, a exaltação íntima do poeta e a despersonalização do dramaturgo. Voo outro — eis tudo. Do ponto de vista humano — em que o crítico não compete tocar, pois de nada lhe serve que toque — sou um histero--neurastênico com a predominância do elemento histérico na emoção e do elemento neurastênico na inteligência e na vontade (minuciosidade de uma, tibieza de outra). Desde que o crítico fixe, porém, que sou essencialmente poeta dramático, tem a chave da minha personalidade, no que pode interessá-la a ele, ou a qualquer pessoa que não seja um psiquiatra, que, por hipótese, o crítico não tem que ser. Munido desta chave, ele pode abrir lentamente todas as fechaduras da minha expressão. Sabe que, como poeta dramático, sinto despegando-me de mim; que como dramático (sem poeta), transmudo automaticamente o que sinto para uma expressão alheia ao que senti, construindo na emoção uma pessoa inexistente que a sentisse verdadeiramente, e por isso, sentisse, em derivação, outras emoções que eu, puramente eu, me esqueci de sentir.

O extraordinário nesta invenção de múltiplas pessoas, definidas em biótipo, fraquezas e virtudes, dentro de si mesmo, é a consciência que tem Fernando Pessoa da necessidade de ser ao mesmo tempo a afirmação do que ele jamais seria:

Por qualquer motivo temperamental que me não proponho analisar, nem importa que analise, construí dentro de mim várias personagens distintas entre si e de mim, personagens essas a que atribuí poemas vários que não são como eu, nos meus sentimentos e ideias, os escreveria.

Vejamos uma síntese biográfica dessas personagens pelas quais a personalidade polêmica e dialética de Fernando Pessoa se manifestou. Trata-se de um trecho de uma carta que o poeta dirigiu a Adolfo Casais Monteiro, em 1931:

...Mais uns apontamentos nesta matéria... Eu vejo diante de mim, no espaço incolor mas real do sonho, as caras, os gestos de Caeiro, Ricardo Reis e Álvaro de Campos. Construí-lhes as idades e as vidas. Ricardo Reis nasceu em 1887 (não me lembro do dia e mês, mas tenho-os algures), no Porto, é médico e está presentemente no Brasil. Alberto Caeiro nasceu em 1889 e morreu em 1915; nasceu em Lisboa mas viveu quase toda a sua vida no campo. Não teve profissão nem educação quase alguma. Álvaro de Campos nasceu em Tavira, no dia 15 de outubro de 1890 (à 1h30 da tarde, diz-me o Ferreira Gomes; e é verdade, pois, feito o horóscopo para essa hora, está certo). Este, como sabe, é engenheiro naval (por Glasgow), mas agora está aqui em Lisboa em inatividade. Caeiro era de estatura média, e, embora realmente frágil (morreu tuberculoso), não parecia tão frágil como era. Ricardo Reis é um pouco, mas muito pouco, mais baixo, mais forte, mais seco. Álvaro de Campos é alto (1,75 metros de altura, mais dois centímetros do que eu), magro e um pouco tendente a curvar-se. Cara raspada todos — o Caeiro, louro, sem cor, olhos azuis; Reis, de um vago moreno mate; Campos, entre branco e moreno, tipo vagamente de judeu português, cabelo, porém, liso e normalmente apartado ao lado, monóculo. Caeiro, como disse, não teve mais educação que quase nenhuma — só instrução primária; morreram-lhe cedo o pai e a mãe, e deixou-se ficar em casa, vivendo de uns pequenos rendimentos. Vivia com uma tia velha, tia-avó. Ricardo Reis, educado num colégio de jesuítas, é, como disse, médico, vive no Brasil desde 1919, pois se expatriou espontaneamente por ser monárquico, é um latinista por educação alheia e um semi-helenista por educação própria. Álvaro de Campos teve uma educação vulgar de liceu; depois foi mandado para a Escócia estudar engenharia, primeiro mecânica e depois naval. Numas férias fez a viagem ao Oriente de onde resultou o "Opiário". Ensinou-lhe latim um tio beirão que era padre.

Como escrevo em nome desses três?... Caeiro por pura e inesperada inspiração, sem saber ou sequer calcular que iria escrever. Ricardo Reis depois de uma deliberação abstrata, que subitamente se concretiza numa ode. Campos, quando sinto um súbito impulso para escrever e não sei o quê. (O meu semi-heterônimo Bernardo Soares, que, aliás, em muitas coisas se parece com Álvaro de Campos, aparece sempre que estou cansado ou sonolento, de sorte que tenha um pouco suspensas as qualidades de raciocínio e de inibição; aquela prosa é um constante devaneio. É um semi-heterônimo porque, não sendo a personalidade a minha, é, não diferente da minha, mas uma simples mutilação dela. Sou eu, menos o raciocínio e a afetividade. A prosa, salvo o que o raciocínio dá de tênue à minha, é igual a esta, e o português perfeitamente igual; ao passo que Caeiro escrevia mal o português, Campos razoavelmente, mas com lapsos como dizer "eu próprio" em vez de "eu mesmo" etc. Reis melhor do que eu, mas com um purismo que considero exagerado. O difícil para mim é escrever a prosa de Reis — ainda inédita — ou a de Campos. A simulação é mais fácil, até porque é mais espontânea, em verso.)

A convivência desses seres nem sempre é agradável no universo pessoano. Ele diria a respeito de um poema de Alberto Caeiro: "Escrevi com sobressalto e repugnância o poema oitavo de 'Guardador de Rebanhos', com sua blasfêmia infantil e seu antiespiritualismo absoluto." Certamente Fernando Pessoa estava num momento de irreversível dúvida sobre sentimentos e verdades que o impregnavam e usou o heterônimo para discutir consigo mesmo este processo. Ao discuti-lo se revoltou e teria — como tantas vezes teve — a capacidade de questionar seu outro eu, pela liberdade com que se pôs a pensar fora dele, criando assim uma realidade mágica com que sobrepor-se à mediocridade da rotina.

Seu processo de mentação chega ao ponto de colocar dois heterônimos em discussão. É o caso de Ricardo Reis, que num ensaio contesta Álvaro de Campos com relação à diferença fundamental entre prosa e poesia, comparando as proporções do emotivo e do intelectual em ambos gêneros.

Quando afirma "Viver não é necessário; o que é necessário é criar", está chancelando seu mais alto desígnio. E não se trata de uma qualidade nascida com ele, e só nele revelada, porque a partir disso ele alerta todos os poetas para o mistério simples e imediato da transcendência, mesmo quando a concretude é instrumento direto da revelação. Em sua biografia lê-se, por exemplo, que o comovente poema "O menino da sua mãe" foi motivado por uma litografia que viu numa pensão onde fora jantar com um amigo. Para os atletas da inspiração, trata-se de uma lição exemplar. Partindo de um dado possivelmente pouco expressivo ele criou um poema perene, no qual todos os dados perceptivos foram formulados pela inteligência e pelo humanismo universal que só a inteligência sabe construir sobre a circunstância.

Sobre a simultaneidade de suas visões e reflexões sobre o que existe, vamos ver o que Fernando Pessoa escreveu: "Sou como um quarto com inúmeros espelhos fantásticos que torcem para reflexões falsas uma única anterior realidade que não está em nenhuma e está em todas." Curiosamente ele avança numa definição delicada e até perigosa quando diz "sou um temperamento feminino com inteligência masculina", determinando uma certa timidez de origem, uma passividade que ele acentua ao se confessar, no amor, muito mais o que quer ser amado do que o que quer amar, o que contradiz uma natureza criativa. Mas em Fernando Pessoa não se pode visualizar contradições convencionais. Ele é a grande contradição em si mesma e a afirmação e equilíbrio desta contradição em termos de exercício de inteligência. Não se trata da contradição que extravia, mas da que desafia e vence.

Não me alongo mais nesta introdução que apenas atrasa o possível leitor no mergulho desta selva sufocante, sem dúvida a mais importante que a língua portuguesa produziu em poesia. Estou certo de que ninguém passará incólume por estas veredas. Bafejado de loucura, de santa loucura, imprime-se no tempo o perfil de pássaro seco do poeta, um pássaro cujo silencioso e perfurante olhar fosse a ordem do canto. Um poeta consumido na loucura da inteligência sem fronteiras, compensando a vida sem grandeza. Poeta que morreu quase inédito, amado por uns poucos iluminados por ele e quase como ele. Um poeta que falou assim, de sua profética loucura:

*Minha loucura, outros que a tomem
Com o que nela ia.
Sem loucura que é o homem
Mais que a besta sadia.
Cadáver adiado que procria?*

Rio de Janeiro, novembro de 1985.
Walmir Ayala

PARTE 1

FERNANDO PESSOA ELE MESMO

De *Mensagem*

Benedictus Dominus Deus noster qui dedit nobis signum.

AS QUINAS

Segunda / D. Fernando, infante de Portugal

Deu-me Deus o seu gládio, porque eu faça
A sua santa guerra.
Sagrou-me seu em honra e em desgraça,
Às horas em que um frio vento passa
Por sobre a fria terra.

Pôs-me as mãos sobre os ombros e doirou-me
A fronte com o olhar;
E esta febre de Além, que me consome,
E este querer grandeza são seu nome
Dentro em mim a vibrar.

E eu vou, e a luz do gládio erguido dá
Em minha face calma.
Cheio de Deus, não temo o que virá,
Pois, venha o que vier, nunca será
Maior do que a minha alma.

21-7-1913

Quinta / D. Sebastião, rei de Portugal

Louco, sim, louco, porque quis grandeza
Qual a Sorte a não dá.
Não coube em mim minha certeza;
Por isso onde o areal está
Ficou meu ser que houve, não o que há.

Minha loucura, outros que me a tomem
Com o que nela ia.
Sem a loucura que é o homem
Mais que a besta sadia,
Cadáver adiado que procria?

20-2-1933

MAR PORTUGUÊS

II. Horizonte

Ó mar anterior a nós, teus medos
Tinham coral e praias e arvoredos.
Desvendadas a noite e a cerração,
As tormentas passadas e o mistério,
Abria em flor o Longe, e o Sul siderio
Esplendia sobre as naus da iniciação.

Linha severa da longínqua costa —
Quando a nau se aproxima ergue-se a encosta
Em árvores onde o Longe nada tinha;
Mais perto, abre-se a terra em sons e cores;
E, no desembarcar, há aves, flores,
Onde era só, de longe a abstrata linha.

O sonho é ver as formas invisíveis
Da distância imprecisa e, com sensíveis,
Movimentos da esperança e da vontade,
Buscar na linha fria do horizonte
A árvore, a praia, a flor, a ave, a fonte —
Os beijos merecidos da Verdade.

X. Mar português

Ó mar salgado, quanto do teu sal
São lágrimas de Portugal!
Por te cruzarmos, quantas mães choraram,
Quantos filhos em vão rezaram!
Quantas noivas ficaram por casar
Para que fosses nosso, ó mar!

Valeu a pena? Tudo vale a pena
Se a alma não é pequena.
Quem quer passar além do Bojador
Tem que passar além da dor.
Deus ao mar o perigo e o abismo deu,
Mas nele é que espelhou o céu.

XII. Prece

Senhor, a noite veio e a alma é vil.
Tanta foi a tormenta e a vontade!
Restam-nos hoje, no silêncio hostil,
O mar universal e a saudade.

Mas a chama, que a vida em nós criou,
Se ainda há vida ainda não é finda.
O frio morto em cinzas a ocultou:
A mão do vento pode erguê-la ainda.

Dá o sopro, a aragem — ou desgraça ou ânsia —,
Com que a chama do esforço se remoça,
E outra vez conquistemos a Distância —
Do mar ou outra, mas que seja nossa!

31-12-1921 / 1-1-1922

OS TEMPOS

Quinto / Nevoeiro

Nem rei nem lei, nem paz nem guerra,
Define com perfil e ser
Este fulgor baço da terra
Que é Portugal a entristecer —
Brilho sem luz e sem arder,
Como o que o fogo-fátuo encerra.

Ninguém sabe que coisa quer.
Ninguém conhece que alma tem,
Nem o que é mal nem o que é bem.
(Que ânsia distante perto chora?)
Tudo é incerto e derradeiro.
Tudo é disperso, nada é inteiro.
Ó Portugal, hoje és nevoeiro...

É a Hora!

10-12-1928 *Valete, Frates*

De *Cancioneiro*

HORA ABSURDA

O teu silêncio é uma nau com todas as velas pandas...
Brandas, as brisas brincam nas flâmulas, teu sorriso...
E o teu sorriso no teu silêncio é as escadas e as andas
Com que me finjo mais alto e ao pé de qualquer paraíso...

Meu coração é uma ânfora que cai e que se parte...
O teu silêncio recolhe-o e guarda-o, partido, a um canto...
Minha ideia de ti é um cadáver que o mar traz à praia..., e entanto
Tu és a tela irreal em que erro em cor a minha arte...

Abre todas as portas e que o vento varra a ideia
Que temos de que um fumo perfuma de ócio os salões...
Minha alma é uma caverna enchida pela maré cheia,
E a minha ideia de te sonhar uma caravana de histriões...

Chove ouro baço, mas não no lá fora... É em mim... Sou a Hora,
E a Hora é de assombros e toda ela escombros dela...
Na minha atenção há uma viúva pobre que nunca chora...
No meu céu interior nunca houve uma única estrela...

Hoje o céu é pesado como a ideia de nunca chegar a um porto...
A chuva miúda é vazia... a Hora sabe a ter sido...
Não haver qualquer coisa como leitos para as naus!... Absorto
Em se alhear de si, teu olhar é uma praga sem sentido...

Todas as minhas horas são feitas de jaspe negro,
Minhas ânsias todas talhadas num mármore que não há,
Não é alegria nem dor esta dor com que me alegro,
E a minha bondade inversa não é nem boa nem má...

Os feixes dos lictores abriram-se à beira dos caminhos...
Os pendões das vitórias medievais nem chegaram às cruzadas...
Puseram in-fólios úteis entre as pedras das barricadas...
E a erva cresceu nas vias férreas com viços daninhos...

Ah, como esta hora é velha!... E todas as naus partiram!
Na praia só um cabo morto e uns restos de vela falam
De Longe, das horas do Sul, de onde os nossos sonhos tiram
Aquela angústia de sonhar mais que até para si calam...

O palácio está em ruínas... Dói ver no parque o abandono
Da fonte sem repuxo... Ninguém ergue o olhar da estrada
E sente saudades de si ante aquele lugar-outono...
Esta paisagem é um manuscrito com a frase mais bela cortada...

A doida partiu todos os candelabros glabros,
Sujou de humano o lago com cartas rasgadas, muitas...
E a minha alma é aquela luz que não mais haverá nos candelabros...
E que querem ao lado aziago minhas ânsias, brisas fortuitas?...

Por que me aflijo e me enfermo?... Deitam-se nuas ao luar
Todas as ninfas... Veio o sol e já tinham partido...
O teu silêncio que me embala é a ideia de naufragar,
E a ideia de a tua voz soar a lira dum Apolo fingido...

Já não há caudas de pavões todas olhos nos jardins de outrora...
As próprias sombras estão mais tristes... Ainda
Há rastos de vestes de aias (parece) no chão, e ainda chora
Um como que eco de passos pela alameda que eis finda...

Todos os ocasos fundiram-se na minha alma...
As relvas de todos os prados foram frescas sob meus pés frios...
Secou em teu olhar a ideia de te julgares calma,
E eu ver isso em ti é um porto sem navios...

Ergueram-se a um tempo todos os remos... Pelo ouro das searas
Passou uma saudade de não serem o mar.. Em frente
Ao meu trono de alheamento há gestos com pedras raras...
Minha alma é uma lâmpada que se apagou e ainda está quente.

Ah, e o teu silêncio é um perfil de píncaro ao sol!
Todas as princesas sentiram o seio oprimido...
Da última janela do castelo só um girassol
Se vê, e o sonhar que há outros põe brumas no nosso sentido...

Sermos, e não sermos mais!... Ó leões nascidos na jaula!...
Repique de sinos para além, no Outro Vale... Perto?...
Arde o colégio e uma criança ficou fechada na aula...
Por que não há de ser o Norte o Sul?... O que está descoberto?...

E eu deliro... De repente pauso no que penso... Fito-te
E o teu silêncio é uma cegueira minha... Fito-te e sonho...
Há coisas rubras e cobras no modo como medito-te,
E a tua ideia sabe à lembrança de um sabor de medonho...

Para que não ter por ti desprezo? Por que não perdê-lo?...
Ah, deixa que eu te ignore... O teu silêncio é um leque —
Um leque fechado, um leque que aberto seria tão belo, tão belo,
Mas mais belo é não o abrir, para que a Hora não peque...

Gelaram todas as mãos cruzadas sobre todos os peitos...
Murcharam mais flores do que as que havia no jardim...
O meu amar-te é uma catedral de silêncios eleitos,
E os meus sonhos uma escada sem princípio mas com fim...

Alguém vai entrar pela porta... Sente-se o ar sorrir...
Tecedeiras viúvas gozam as mortalhas de virgens que tecem...
Ah, o teu tédio é uma estátua de uma mulher que há de vir,
O perfume que os crisântemos teriam, se o tivessem...

É preciso destruir o propósito de todas as pontes,
Vestir de alheamento as paisagens de todas as terras,
Endireitar à força a curva dos horizontes,
E gemer por ter de viver, como um ruído brusco de serras...

Há tão pouca gente que ame as paisagens que não existem!...
Saber que continuará a haver o mesmo mundo amanhã —
                                          [como nos desalegra!...
Que o meu ouvir o teu silêncio não seja nuvens que atristem
O teu sorriso, anjo exilado, e o teu tédio, auréola negra...

Suave, como ter mãe e irmãs, a tarde rica desce...
Não chove já, e o vasto céu é um grande sorriso imperfeito...
A minha consciência de ter consciência de ti é uma prece,
E o meu saber-te a sorrir é uma flor murcha a meu peito...

Ah, se fôssemos duas figuras num longínquo vitral!...
Ah, se fôssemos as duas cores de uma bandeira de glória!...
Estátua acéfala posta a um canto, poeirenta pia batismal,
Pendão de vencidos tendo escrito ao centro este lema — *Vitória!*

O que é que me tortura?... Se até a tua face calma
Só me enche de tédios e de ópios de ócios medonhos...
Não sei... Eu sou um doido que estranha a sua própria alma...
Eu fui amado em efígie num país para além dos sonhos...

4-7-1913

PASSOS DA CRUZ

II

Há um poeta em mim que Deus me disse...
A Primavera esquece nos barrancos
As grinaldas que trouxe dos arrancos
Da sua efêmera e espectral ledice...

Pelo prado orvalhado a meninice
Faz soar a alegria os seus tamancos...
Pobre de anseios teu ficar nos bancos
Olhando a hora como quem sorrisse...

Florir do dia a capitéis de Luz...
Violinos do silêncio enternecidos...
Tédio onde o só ter tédio nos seduz...

Minha alma beija o quadro que pintou...
Sento-me ao pé dos séculos perdidos
E cismo o seu perfil de inércia e voo...

IX

Meu coração é um pórtico partido
Dando excessivamente sobre o mar.
Vejo em minha alma as velas vãs passar
E cada vela passa num sentido.

Um soslaio de sombras e ruído
Na transparente solidão do ar
Evoca estrelas sobre a noite estar
Em afastados céus o pórtico ido...

E em palmares de Antilhas entrevistas
Através de, com mãos eis apartados
Os sonhos, cortinados de ametistas,

Imperfeito o sabor de compensando
O grande espaço entre os troféus alçados
Ao centro do triunfo em ruído e bando...

XIII

Emissário de um rei desconhecido,
Eu cumpro informes instruções de além,
E as bruscas frases que aos meus lábios vêm
Soam-me a um outro e anômalo sentido...

Inconscientemente me divido
Entre mim e a missão que o meu ser tem,
E a glória do meu Rei dá-me o desdém
Por este humano povo entre quem lido...

Não sei se existe o Rei que me mandou.
Minha missão será eu a esquecer,
Meu orgulho o deserto em que em mim estou...

Mas há! Eu sinto-me altas tradições
De antes de tempo e espaço e vida e ser...
Já viram Deus as minhas sensações...

O MENINO DA SUA MÃE

No plaino abandonado
Que a morna brisa aquece,
De balas traspassado
— Duas, de lado a lado —,
Jaz morto, e arrefece.

Raia-lhe a farda o sangue.
De braços estendidos,
Alvo, louro, exangue,
Fita com olhar langue
E cego os céus perdidos.

Tão jovem! que jovem era!
(Agora que idade tem?)
Filho único, a mãe lhe dera
Um nome e o mantivera:
"O Menino da sua mãe".

Caiu-lhe da algibeira
A cigarreira breve.
Dera-lhe a mãe. Está inteira
E boa a cigarreira.
Ele é que já não serve.

De outra algibeira, alada
Ponta a roçar o solo,
A brancura embainhada
De um lenço... Deu-lho a criada
Velha que o trouxe ao colo.

Lá longe, em casa, há a prece:
"Que volte cedo, e bem!"
(Malhas que o Império tece!)
Jaz morto, e apodrece,
O menino da sua mãe.

AUTOPSICOGRAFIA

O poeta é um fingidor.
Finge tão completamente
Que chega a fingir que é dor
A dor que deveras sente.

E os que leem o que escreve,
Na dor lida sentem bem,
Não as duas que ele teve,
Mas só a que eles não têm.

E assim nas calhas de roda
Gira, a entreter a razão,
Esse comboio de corda
Que se chama o coração.

ISTO

Dizem que finjo ou minto
Tudo que escrevo. Não.
Eu simplesmente sinto
Com a imaginação.
Não uso o coração.

Tudo o que sonho ou passo,
O que me falha ou finda,
É como que um terraço
Sobre outra coisa ainda.
Essa coisa é que é linda.

Por isso escrevo em meio
Do que não está ao pé,
Livre do meu enleio,
Sério do que não é.
Sentir? Sinta quem lê!

PARTE 2

ALBERTO CAEIRO/ RICARDO REIS/ ÁLVARO DE CAMPOS

De *Poemas de Alberto Caeiro*

O GUARDADOR DE REBANHOS
(1911-1912)

I

Eu nunca guardei rebanhos,
Mas é como se os guardasse.
Minha alma é como um pastor,
Conhece o vento e o sol
E anda pela mão das Estações
A seguir e a olhar.
Toda a paz da Natureza sem gente
Vem sentar-se a meu lado.
Mas eu fico triste como um pôr de sol
Para a nossa imaginação,
Quando esfria no fundo da planície
E se sente a noite entrada
Como uma borboleta pela janela.

Mas a minha tristeza é sossego
Porque é natural e justa
E é o que deve estar na alma
Quando já pensa que existe
E as mãos colhem flores sem ela dar por isso.

Como um ruído de chocalhos
Para além da curva da estrada,
Os meus pensamentos são contentes,
Só tenho pena de saber que eles são contentes,
Porque, se o não soubesse,
Em vez de serem contentes e tristes,
Seriam alegres e contentes.

Pensar incomoda como andar à chuva
Quando o vento cresce e parece que chove mais.

Não tenho ambições nem desejos
Ser poeta não é uma ambição minha
É a minha maneira de estar sozinho.

E se desejo às vezes
Por imaginar, ser cordeirinho
(Ou ser o rebanho todo
Para andar espalhado por toda a encosta
A ser muita cousa feliz ao mesmo tempo),
É só porque sinto o que escrevo ao pôr do sol,
Ou quando uma nuvem passa a mão por cima da luz
E corre um silêncio pela erva fora.

Quando me sento a escrever versos
Ou, passeando pelos caminhos ou pelos atalhos,
Escrevo versos num papel que está no meu pensamento,
Sinto um cajado nas mãos
E vejo um recorte de mim
No cimo dum outeiro,
Olhando para o meu rebanho e vendo as minhas ideias,
Ou olhando para as minhas ideias e vendo o meu rebanho.
E sorrindo vagamente como quem não compreende o que se diz
E quer fingir que compreende.
Saúdo todos os que me lerem,
Tirando-lhes o chapéu largo
Quando me veem à minha porta
Mal a diligência levanta no cimo do outeiro.
Saúdo-os e desejo-lhes sol,
E chuva, quando a chuva é precisa,
E que as suas casas tenham
Ao pé duma janela aberta

Uma cadeira predileta
Onde se sentem, lendo os meus versos.
E ao lerem os meus versos pensem
Que sou qualquer cousa natural —
Por exemplo, a árvore antiga
À sombra da qual quando crianças
Se sentavam com um baque, cansados de brincar,
E limpavam o suor da testa quente
Com a manga do bibe riscado.

8-3-1914

V

Há metafísica bastante em não pensar em nada.

O que penso eu do mundo?
Sei lá o que penso do mundo!
Seu eu adoecesse pensaria nisso.

Que ideia tenho eu das cousas?
Que opinião tenho sobre as causas e os efeitos?
Que tenho eu meditado sobre Deus e a alma
E sobre a criação do Mundo?
Não sei. Para mim pensar nisso é fechar os olhos
E não pensar. É correr as cortinas
Da minha janela (mas ela não tem cortinas).

O mistério das cousas? Sei lá o que é mistério!
O único mistério é haver quem pense no mistério.
Quem está ao sol e fecha os olhos,
Começa a não saber o que é o sol
E a pensar muitas cousas cheias de calor.
Mas abre os olhos e vê o sol,

E já não pode pensar em nada,
Porque a luz do sol vale mais que os pensamentos
De todos os filósofos e de todos os poetas.
A luz do sol não sabe o que faz
E por isso não erra e é comum e boa.

Metafísica? Que metafísica têm aquelas árvores?
A de serem verdes e copadas e de terem ramos
E a de dar fruto na sua hora, o que não nos faz pensar,
A nós, que não sabemos dar por elas,
Mas que melhor metafísica que a delas,
Que é a de não saber para que vivem
Nem saber que o não sabem?

"Constituição íntima das cousas"...
"Sentido íntimo do Universo"...
Tudo isto é falso, tudo isto não quer dizer nada.
É incrível que se possa pensar em cousas dessas.
É como pensar em razões e fins
Quando o começo da manhã está raiando, e pelos lados das árvores
Um vago ouro lustroso vai perdendo a escuridão.

Pensar no sentido íntimo das cousas
É acrescentado, como pensar na saúde
Ou levar um copo à água das fontes.
O único sentido íntimo das cousas
É elas não terem sentido íntimo nenhum.

Não acredito em Deus porque nunca o vi.
Se ele quisesse que eu acreditasse nele,
Sem dúvida que viria falar comigo
E entraria pela minha porta dentro
Dizendo-me, *Aqui estou!*

(Isto é talvez ridículo aos ouvidos
De quem, por não saber o que é olhar para as cousas,
Não compreende quem fala delas
Com o modo de falar que reparar para elas ensina.)

Mas se Deus é as flores e as árvores
E os montes e sol e o luar,
Então acredito nele,
Então acredito nele a toda a hora,
E a minha vida é toda uma oração e uma missa,
E uma comunhão com os olhos e pelos ouvidos.

Mas se Deus é as árvores e as flores
E os montes e o luar e o sol,
Para que lhe chamo eu Deus?
Chamo-lhe flores e árvores e montes e sol e luar;
Porque, se ele se fez, para eu o ver,
Sol e luar e flores e árvores e montes,
Se ele me aparece como sendo árvores e montes
E luar e sol e flores,
É que ele quer que eu o conheça
Como árvores e montes e flores e luar e sol.

E por isso eu obedeço-lhe,
(Que mais sei eu de Deus que Deus de si próprio?)
Obedeço-lhe a viver, espontaneamente,
Como quem abre os olhos e vê,
E chamo-lhe luar e sol e flores e árvores e montes.
E amo-o sem pensar nele,
E penso-o vendo e ouvindo.
E ando com ele a toda a hora.

VI

Pensar em Deus é desobedecer a Deus,
Porque Deus quis que o não conhecêssemos,
Por isso se nos não mostrou...

Sejamos simples e calmos,
Como os regatos e as árvores,
E Deus amar-nos-á fazendo de nós
Belos como as árvores e os regatos,
E dar-nos-á verdor na sua primavera,
E um rio aonde ir ter quando acabemos!...

IX

Sou um guardador de rebanhos.
O rebanho é os meus pensamentos
E os meus pensamentos são todos sensações.
Penso com os olhos e com os ouvidos
E com as mãos e os pés
E com o nariz e a boca.

Pensar uma flor é vê-la e cheirá-la
E comer um fruto é saber-lhe o sentido.

Por isso quando num dia de calor
Me sinto triste de gozá-lo tanto.
E me deito ao comprido na erva,
E fecho os olhos quentes,
Sinto todo o meu corpo deitado na realidade,
Sei a verdade e sou feliz.

XXIV

O que nós vemos das cousas são as cousas.
Por que veríamos nós uma cousa se houvesse outra?
Por que é que ver e ouvir seria iludirmo-nos
Se ver e ouvir são ver e ouvir?

O essencial é saber ver,
Saber ver sem estar a pensar,
Saber ver quando se vê,
E nem pensar quando se vê
Nem ver quando se pensa.

Mas isso (tristes de nós que trazemos a alma vestida!),
Isso exige um estudo profundo,
Uma aprendizagem de desaprender
E uma sequestração na liberdade daquele convento
De que os poetas dizem que as estrelas são as freiras eternas
E as flores as penitentes convictas de um só dia,
Mas onde afinal as estrelas não são senão estrelas
Nem as flores senão flores,
Sendo por isso que lhes chamamos estrelas e flores.

XXVI

Às vezes, em dias de luz perfeita e exata,
Em que as cousas têm toda a realidade que podem ter,
Pergunto a mim próprio devagar
Por que sequer atribuo eu
Beleza às cousas.

Uma flor acaso tem beleza?
Tem beleza acaso um fruto?
Não: têm cor e forma

E existência apenas.
A beleza é o nome de qualquer cousa que não existe
Que eu dou às cousas em troca do agrado que me dão.
Não significa nada.
Então por que digo eu das cousas: são belas?

Sim, mesmo a mim, que vivo só de viver,
Invisíveis, vêm ter comigo as mentiras dos homens
Perante as cousas,
Perante as cousas que simplesmente existem.

Que difícil ser próprio e não ver senão o visível!

11-3-1914

XXX

Se quiserem que eu tenha um misticismo, está bem, tenho-o.
Sou místico, mas só com o corpo.
A minha alma é simples e não pensa.

O meu misticismo é não querer saber.
É viver e não pensar nisso.

Não sei o que é a Natureza: canto-a.
Vivo no cimo dum outeiro
Numa casa caiada e sozinha,
E essa é a minha definição.

XXXIX

O mistério das cousas, onde está ele?
Onde está ele que não aparece

Pelo menos a mostrar-nos que é mistério?
Que sabe o rio disso e que sabe a árvore?
E eu, que não sou mais do que eles, que sei disso?
Sempre que olho para as cousas e penso no que os homens
[pensam delas,
Rio como um regato que soa fresco numa pedra.

Porque o único sentido oculto das cousas
É elas não terem sentido oculto nenhum,
É mais estranho do que todas as estranhezas
E do que os sonhos de todos os poetas
E os pensamentos de todos os filósofos,
Que as cousas sejam realmente o que parecem ser
E não haja nada que compreender.

Sim, eis o que os meus sentidos aprenderam sozinhos: —
As cousas não têm significação: têm existência.
As cousas são o único sentido oculto das cousas.

POEMAS INCONJUNTOS
(1913-1915)

Se eu morrer novo,
Sem poder publicar livro nenhum,
Sem ver a cara que têm os meus versos em letra impressa,
Peço que, se se quiserem ralar por minha causa,
Que não se ralem.
Se assim aconteceu, assim está certo.

Mesmo que os meus versos nunca sejam impressos,
Eles lá terão a sua beleza, se forem belos.
Mas eles não podem ser belos e ficar por imprimir,

Porque as raízes podem estar debaixo da terra
Mas as flores florescem no ar livre e à vista.
Tem que ser assim por força. Nada o pode impedir.

Se eu morrer muito novo, oiçam isto:
Nunca fui senão uma criança que brincava.
Fui gentio como o sol e a água,
De uma religião universal que só os homens não têm.
Fui feliz porque não pedi cousa nenhuma,
Nem procurei achar nada,
Nem achei que houvesse mais explicação
Que a palavra explicação não ter sentido nenhum.

Não desejei senão estar ao sol ou à chuva —
Ao sol quando havia sol
E à chuva quando estava chovendo
(E nunca a outra cousa),
Sentir calor e frio e vento,
E não ir mais longe.

Uma vez amei, julguei que me amariam,
Mas não fui amado.
Não fui amado pela única grande razão —
Porque não tinha que ser.

Consolei-me voltando ao sol e à chuva,
E sentando-me outra vez à porta de casa.
Os campos, afinal, não são tão verdes para os que são amados
Como para os que o não são.
Sentir é estar distraído.

7-11-1915

Se depois de eu morrer, quiserem escrever a minha biografia,
Não há nada mais simples
Tem só duas datas — a da minha nascença e a da minha morte.
Entre uma e outra cousa todos os dias são meus.

Sou fácil de definir.
Vi como um danado.
Amei as cousas sem sentimentalidade nenhuma.
Nunca tive um desejo que não pudesse realizar, porque nunca
[ceguei.
Mesmo ouvir nunca foi para mim senão um acompanhamento
[de ver.
Compreendi que as cousas são reais e todas diferentes umas
[das outras;
Compreendi isto com os olhos, nunca com o pensamento.
Compreender isto com o pensamento seria achá-las todas iguais.

Um dia deu-me o sono como a qualquer criança.
Fechei os olhos e dormi.
Além disso, fui o único poeta da Natureza.

7-11-1915

É noite. A noite é muito escura. Numa casa a uma grande distância
Brilha a luz duma janela.
Vejo-a, e sinto-me humano dos pés à cabeça.
É curioso que toda a vida do indivíduo que ali mora, e que não
[sei quem é,
Atrai-me só por essa luz vista de longe.
Sem dúvida que a vida dele é real e ele tem cara, gestos,
[família e profissão.

Mas agora só me importa a luz da janela dele.
Apesar de a luz estar ali por ele a ter acendido,
A luz é a realidade imediata para mim.
Eu nunca passo para além da realidade imediata.
Para além da realidade imediata não há nada.
Se eu, de onde estou, só vejo aquela luz,
Em relação à distância onde estou há só aquela luz.
O homem e a família dele são reais do lado de lá da janela.
Eu estou do lado de cá, a uma grande distância.
A luz apagou-se.
Que me importa que o homem continue a existir?

8-11-1915

O Universo não é uma ideia minha.
A minha ideia do Universo é que é uma ideia minha.
A noite não anoitece pelos meus olhos,
A minha ideia da noite é que anoitece por meus olhos.
Fora de eu pensar e de haver quaisquer pensamentos
A noite anoitece concretamente
E o fulgor das estrelas existe como se tivesse peso.

1-10-1917

Seja o que for que esteja no centro do Mundo,
Deu-me o mundo exterior por exemplo de Realidade,
E quando digo "isto é real", mesmo de um sentimento,
Vejo-o sem querer em um espaço qualquer exterior,
Vejo-o com uma visão qualquer fora e alheio a mim.

Ser real quer dizer não estar dentro de mim.
Da minha pessoa de dentro não tenho noção de realidade.
Sei que o mundo existe, mas não sei se existo.

Estou mais certo da existência da minha casa branca
Do que da existência interior do dono da casa branca.
Creio mais no meu corpo do que na minha alma,
Porque o meu corpo apresenta-se no meio da realidade.
Podendo ser visto por outros,
Podendo tocar em outros,
Podendo sentar-se e estar de pé,
Mas a minha alma só pode ser definida por termos de fora.
Existe para mim — nos momentos em que julgo que efetivamente
[existe —
Por um empréstimo da realidade exterior do Mundo.

Se a alma é mais real
Que o mundo exterior, como tu, filósofo, dizes,
Para que é que o mundo exterior me foi dado como tipo da
[realidade?

Se é mais certo eu sentir
Do que existir a cousa que sinto —
Para que sinto
E para que surge essa cousa independentemente de mim
Sem precisar de mim para existir,
E eu sempre ligado a mim próprio, sempre pessoal e intransmissível?
Para que me movo com os outros
Em um mundo em que nos entendemos e onde coincidimos
Se por acaso esse mundo é o erro e eu é que estou certo?
Se o Mundo é um erro, é um erro de toda a gente.
E cada um de nós é o erro de cada um de nós apenas.
Cousa por cousa, o Mundo é mais certo.

Mas por que me interrogo, senão porque estou doente?

Nos dias certos, nos dias exteriores da minha vida,
Nos meus dias de perfeita lucidez natural,

Sinto sem sentir que sinto,
Vejo sem saber que vejo,
E nunca o Universo é tão real como então,
Nunca o Universo está (não é perto ou longe de mim.
Mas) tão sublimemente não meu.

Quando digo "é evidente", quero acaso dizer "só eu é que o vejo"?
Quando digo "é verdade", quero acaso dizer "é minha opinião"?
Quando digo "ali está", quero acaso dizer "não está ali"?
E se isto é assim na vida, por que será diferente na filosofia?
Vivemos antes de filosofar, existimos antes de o sabermos,
E o primeiro fato merece ao menos a precedência e o culto.
Sim, antes de sermos interior somos exterior.
Por isso somos exterior essencialmente.

Dizes, filósofo doente, filósofo enfim, que isto é materialismo.
Mas isto como pode ser materialismo, se materialismo é uma
 [filosofia,
Se uma filosofia seria, pelo menos sendo minha, uma filosofia
 [minha,
E isto nem sequer é meu, nem sequer sou eu?

24-10-1917

De *Odes de Ricardo Reis*

Sábio é o que se contenta com o espetáculo do mundo,
      E ao beber nem recorda
      Que já bebeu na vida,
      Para quem tudo é novo
      E imarcescível sempre.

Coroem-no pâmpanos, ou heras, ou rosas volúteis,
      Ele sabe que a vida
      Passa por ele e tanto
      Corta à flor como a ele
      De Átropos a tesoura.

Mas ele sabe fazer que a cor do vinho esconda isto,
      Que o seu sabor orgíaco
      Apague o gosto às horas,
      Como a uma voz chorando
      O passar das bacantes.

E ele espera, contente quase e bebedor tranquilo,
      E apenas desejando
      Num desejo mal tido
      Que a abominável onda
      O não molhe tão cedo.

19-6-1914

O mar jaz; gemem em segredo os ventos
      Em Éolo cativos;
Só com as pontas do tridente as vastas
      Águas franze Netuno;

E a praia é alva e cheia de pequenos
    Brilhos sob o sol claro.
Inutilmente parecemos grandes.
    Nada, no alheio mundo,
Nossa vista grandeza reconhece
    Ou com razão nos serve.
Se aqui de um manso mar meu fundo indício
    Três ondas o apagam,
Que me fará o mar que na atra praia
    Ecoa de Saturno?

6-10-1914

Para ser grande, sê inteiro: nada
    Teu exagera ou exclui.
Sê todo em cada coisa. Põe quanto és
    No mínimo que fazes.
Assim em cada lago a lua toda
    Brilha, porque alta vive.

14-2-1933

De *Poesias de Álvaro de Campos*

ODE TRIUNFAL

À dolorosa luz das grandes lâmpadas elétricas da fábrica
Tenho febre e escrevo.

Escrevo rangendo os dentes, fera para a beleza disto,
Para a beleza disto totalmente desconhecida dos antigos.

Ó rodas, ó engrenagens, r-r-r-r-r-r eterno!
Forte espasmo retido dos maquinismos em fúria!
Em fúria fora e dentro de mim,
Por todos os meus nervos dissecados fora,
Por todas as papilas fora de tudo com que eu sinto!
Tenho os lábios secos, ó grandes ruídos modernos,
De vos ouvir demasiadamente de perto,
E arde-me a cabeça de vos querer cantar com um excesso
De expressão de todas as minhas sensações,
Com um excesso contemporâneo de vós, ó máquinas!

Em febre e olhando os motores como a uma Natureza tropical —
Grandes trópicos humanos de ferro e fogo e força —
Canto, e canto o presente, e também o passado e o futuro,
Porque o presente é todo o passado e todo o futuro
E há Platão e Virgílio dentro das máquinas e das luzes elétricas
Só porque houve outrora e foram humanos Virgílio e Platão,
E pedaços do Alexandre Magno do século talvez cinquenta,
Átomos que hão de ir ter febre para o cérebro do Ésquilo
                                         [do século cem,
Andam por estas correias de transmissão e por estes êmbolos
                                         [e por estes volantes,

Rugindo, rangendo, ciciando, estrugindo, ferreando,
Fazendo-me um excesso de carícias ao corpo numa só
[carícia à alma.

Ah, poder exprimir-me todo como um motor se exprime!
Ser completo como uma máquina!
Poder ir na vida triunfante como um automóvel último-modelo!
Poder ao menos penetrar-me fisicamente de tudo isto,
Rasgar-me todo, abrir-me completamente, tornar-me passento
A todos os perfumes de óleos e calores e carvões
Desta flora estupenda, negra, artificial e insaciável!

Fraternidade com todas as dinâmicas!
Promíscua fúria de ser parte-agente
Do rodar férreo e cosmopolita
Dos comboios estrênuos,
Da faina transportadora de cargas dos navios,
Do giro lúbrico e lento dos guindastes,
Do tumulto disciplinado das fábricas,
E do quase silêncio ciciante e monótono das correias de
[transmissão!

Horas europeias, produtoras, entaladas
Entre maquinismos e afazeres úteis!
Grandes cidades paradas nos cafés,
Nos cafés — oásis de inutilidades ruidosas
Onde se cristalizam e se precipitam
Os rumores e os gestos do Útil
E as rodas, e as rodas-dentadas e as chumaceiras do Progressivo!
Nova Minerva sem alma dos cais e das gares!
Novos entusiasmos da estatura do Momento!
Quilhas de chapas de ferro sorrindo encostadas às docas,
Ou a seco, erguidas, nos planos inclinados dos portos!
Atividade internacional, transatlântica, *Canadian-Pacific*!

Luzes e febris perdas de tempo nos bares, nos hotéis,
Nos Longchamps e nos Derbies e nos Ascots,
E Piccadillies e Avenues de l'Opéra que entram
Pela minh'alma dentro!

Hé-lá as ruas, hé-lá as praças, hé-lá-hó *la foule*!
Tudo o que passa, tudo o que para às montras!
Comerciantes; vadios; *escrocs* exageradamente bem-vestidos;
Membros evidentes de clubes aristocráticos;
Esquálidas figuras dúbias; chefes de família vagamente felizes
E paternais até na corrente de oiro que atravessa o colete
De algibeira a algibeira!
Tudo o que passa, tudo o que passa e nunca passa!
Presença demasiadamente acentuada das cocotes;
Banalidade interessante (e quem sabe o quê por dentro?)
Das burguesinhas, mãe e filha geralmente,
Que andam na rua com um fim qualquer,
A graça feminil e falsa dos pederastas que passam, lentos;
E toda a gente simplesmente elegante que passeia e se mostra
E afinal tem alma lá dentro!

(Ah, como eu desejaria ser o *souteneur* disto tudo!)

A maravilhosa beleza das corrupções políticas,
Deliciosos escândalos financeiros e diplomáticos,
Agressões políticas nas ruas,
E de vez em quando o cometa dum regicídio
Que ilumina de Prodígio e Fanfarra os céus
Usuais e lúcidos da Civilização quotidiana!

Notícias desmentidas dos jornais,
Artigos políticos insinceramente sinceros,
Notícias *passez à-la-caisse*, grandes crimes —
Duas colunas deles passando para a segunda página!

O cheiro fresco a tinta de tipografia!
Os cartazes postos há pouco, molhados!
Vients-de-paraitre amarelos com uma cinta branca!
Como eu vos amo a todos, a todos, a todos,
Como eu vos amo de todas as maneiras,
Com os olhos e com os ouvidos e com o olfato
E com o tato (o que palpar-vos representa para mim!)
E com a inteligência como uma antena que fazeis vibrar!
Ah, como todos os meus sentidos têm cio de vós!

Adubos, debulhadoras a vapor, progressos da agricultura!
Química agrícola, e o comércio quase uma ciência!
Ó mostruários dos caixeiros-viajantes,
Dos caixeiros-viajantes, cavaleiros-andantes da Indústria,
Prolongamentos humanos das fábricas e dos calmos escritórios!

Ó fazendas nas montras! ó manequins! ó últimos figurinos!
Ó artigos inúteis que toda a gente quer comprar!
Olá grandes armazéns com várias seções!
Olá anúncios elétricos que vêm e estão e desaparecem!
Olá tudo com que hoje se constrói, com que hoje se é diferente
[de ontem!
Eh, cimento armado, beton de cimento, novos processos!
Progressos dos armamentos gloriosamente mortíferos!
Couraças, canhões, metralhadoras, submarinos, aeroplanos!

Amo-vos a todos, a tudo, como uma fera.
Amo-vos carnivoramente,
Pervertidamente e enroscando a minha vista
Em vós, ó coisas grandes, banais, úteis, inúteis,
Ó coisas todas modernas,
Ó minhas contemporâneas, forma atual e próxima
Do sistema imediato do Universo!
Nova Revelação metálica e dinâmica de Deus!

Ó fábricas, ó laboratórios, ó *music-halls*, ó Luna-Parks,
Ó couraçados, ó pontes, ó docas flutuantes —
Na minha mente turbulenta e incandescida
Possuo-vos como a uma mulher bela,
Completamente vos possuo como a uma mulher bela que não
[se ama,
Que se encontra casualmente e se acha interessantíssima.

Eh-lá-hô fachadas das grandes lojas!
Eh-lá-hô elevadores dos grandes edifícios!
Eh-lá-hô recomposições ministeriais!
Parlamento, políticas, relatores de orçamentos,
Orçamentos falsificados!
(Um orçamento é tão natural como uma árvore
E um parlamento tão belo como uma borboleta.)

Eh-lá o interesse por tudo na vida,
Porque tudo é a vida, desde os brilhantes nas montras
Até à noite ponte misteriosa entre os astros
E o mar antigo e solene, lavando as costas
E sendo misericordiosamente o mesmo
Que era quando Platão era realmente Platão
Na sua presença real e na sua carne com a alma dentro,
E falava com Aristóteles, que havia de não ser discípulo dele.

E podia morrer triturado por um motor
Com o sentimento de deliciosa entrega duma mulher possuída.
Atirem-me para dentro das fornalhas!
Metam-me debaixo dos comboios!
Espanquem-me a bordo de navios!
Masoquismo através de maquinismos!
Sadismo de não sei quê moderno e eu e barulho!

Up-lá-hô jóquei que ganhaste o Derby,
Morder entre dentes o teu *cap* de duas cores!

(Ser tão alto que não pudesse entrar por nenhuma porta!
Ah, olhar é em mim uma perversão sexual!)

Eh-lá, eh-lá, eh-lá, catedrais!
Deixai-me partir a cabeça de encontro às vossas esquinas,
E ser levantado da rua cheio de sangue
Sem ninguém saber quem eu sou!

Ó *tramways*, funiculares, metropolitanos,
Roçai-vos por mim até ao espasmo!
Hilla! hilla! hilla-hô!
Dai-me gargalhadas em plena cara,
Ó automóveis apinhados de pândegos e de putas,
Ó multidões quotidianas nem alegres nem tristes das ruas,
Rio multicolor anônimo e onde eu me posso banhar como
[quereria!
Ah, que vidas complexas, que coisas lá pelas casas de tudo isto!
Ah, saber-lhes as vidas a todos, as dificuldades de dinheiro,
As dissensões domésticas, os deboches que não se suspeitam,
Os pensamentos que cada um tem a sós consigo no seu quarto
E os gestos que faz quando ninguém pode ver!
Não saber tudo isto é ignorar tudo, ó raiva,
Ó raiva que como uma febre e um cio e uma fome
Me põe a magro o rosto e me agita às vezes as mãos
Em crispações absurdas em pleno meio das turbas
Nas ruas cheias de encontrões!

Ah, e a gente ordinária e suja, que parece sempre a mesma,
Que emprega palavrões como palavras usuais,
Cujos filhos roubam às portas das mercearias
E cujas filhas aos oito anos — eu acho isto belo e amo-o! —
Masturbam homens de aspecto decente nos vãos de escada,

A gentalha que anda pelos andaimes e que vai para casa
Por vielas quase irreais de estreiteza e podridão.
Maravilhosa gente humana que vive como os cães,
Que está abaixo de todos os sistemas morais,
Para quem nenhuma religião foi feita,
Nenhuma arte criada,
Nenhuma política destinada para eles!
Como eu vos amo a todos, porque sois assim,
Nem imorais de tão baixos que sois, nem bons nem maus,
Inatingíveis por todos os progressos,
Fauna maravilhosa do fundo do mar da vida!

(Na nora do quintal da minha casa
O burro anda à roda, anda à roda,
E o mistério do mundo é do tamanho disto.
Limpa o suor com o braço, trabalhador descontente.
A luz do sol abafa o silêncio das esferas
E havemos todos de morrer,
Ó pinheirais sombrios ao crepúsculo,
Pinheirais onde a minha infância era outra coisa
Do que eu sou hoje...)

Mas, ah outra vez a raiva mecânica constante!
Outra vez a obsessão movimentada dos ônibus.
E outra vez a fúria de estar indo ao mesmo tempo dentro de
[todos os comboios.
De todas as partes do mundo,
De estar dizendo adeus de bordo de todos os navios,
Que a estas horas estão levantando ferro ou afastando-se das docas
Ó ferro, ó aço, ó alumínio, ó chapas de ferro ondulado!
Ó cais, ó portos, ó comboios, ó guindastes, ó rebocadores!

Eh-lá grandes desastres de comboios!
Eh-lá desabamentos de galerias de minas!

Eh-lá naufrágios deliciosos dos grandes transatlânticos!
Eh-lá-hô revoluções aqui, ali, acolá,
Alterações de constituições, guerras, tratados, invasões,
Ruído, injustiças, violências, e talvez para breve o fim,
A grande invasão dos bárbaros amarelos pela Europa,
E outro Sol no novo Horizonte!

Que importa tudo isto, mas que importa tudo isto
Ao fúlgido e rubro ruído contemporâneo,
Ao ruído cruel e delicioso da civilização de hoje?
Tudo isso apaga tudo, salvo o Momento,
O Momento de tronco nu e quente como um fogueiro,
O Momento estridentemente ruidoso e mecânico,
O Momento dinâmico passagem de todas as bacantes
De ferro e do bronze e da bebedeira dos metais.

Eia comboios, eia pontes, eia hotéis à hora do jantar,
Eia aparelhos de todas as espécies, férreos, brutos, mínimos,
Instrumentos de precisão, aparelhos de triturar, de cavar.
Engenhos, brocas, máquinas rotativas!

Eia! eia! eia!
Eia eletricidade, nervos doentes da Matéria!
Eia telegrafia sem fios, simpatia metálica do Inconsciente!
Eia túneis, eia canais, Panamá, Kiel, Suez!
Eia todo o passado dentro do presente!
Eia todo o futuro já dentro de nós! eia!
Eia! eia! eia!
Frutos de ferro e útil da árvore-fábrica cosmopolita!
Eia! eia! eia, eia-hô-ô-ô!
Nem sei que existo para dentro. Giro, rodeio, engenho-me.
Engatam-me em todos os comboios.
Içam-me em todos os cais.
Giro dentro das hélices de todos os navios,

Eia! eia-hô! eia!
Eia! sou o calor mecânico e a eletricidade!

Eia! e os *rails* e as casas de máquinas e a Europa!
Eia e hurrah por mim-tudo e tudo, máquinas a trabalhar, eia!

Galgar com tudo por cima de tudo! Hup-lá!

Hup-lá, hup-lá, hup-lá-hô, hup-lá!
Hé-lá! He-hô Ho-o-o-o-o!
Z-z-z-z-z-z-z-z-z-z-z-z!

Ah não ser eu toda a gente e toda a parte!

Londres, 6-1914

ODE MARÍTIMA

Sozinho, no cais deserto, a esta manhã de Verão,
Olho pro lado da barra, olho pro Indefinido,
Olho e contenta-me ver,
Pequeno, negro e claro, um paquete entrando.
Vem muito longe, nítido, clássico à sua maneira.
Deixa no ar distante atrás de si a orla vã do seu fumo.
Vem entrando, e a manhã entra com ele, e no rio,
Aqui, acolá, acorda a vida marítima,
Erguem-se velas, avançam rebocadores,
Surgem barcos pequenos de trás dos navios que estão no porto.

Há uma vaga brisa.
Mas a minh'alma está com o que vejo menos,
Com o paquete que entra,
Porque ele está com a Distância, com a Manhã,
Com o sentido marítimo desta Hora,
Com a doçura dolorosa que sobe em mim como uma náusea,
Como um começar a enjoar, mas no espírito.

Olho de longe o paquete, com uma grande independência de
[alma,
E dentro de mim um volante começa a girar, lentamente.

Os paquetes que entram de manhã na barra
Trazem aos meus olhos consigo
O mistério alegre e triste de quem chega e parte.
Trazem memórias de cais afastados e doutros momentos
Doutro modo da mesma humanidade noutros pontos.
Todo o atracar, todo o largar de navio,
E — sinto-o em mim como o meu sangue —
Inconscientemente simbólico, terrivelmente
Ameaçador de significações metafísicas
Que perturbam em mim quem eu fui...

Ah, todo o cais é uma saudade de pedra!
E quando o navio larga do cais
E se repara de repente que se abriu um espaço
Entre o cais e o navio,
Vem-me, não sei por quê, uma angústia recente,
Uma névoa de sentimentos de tristeza
Que brilha ao sol das minhas angústias relvadas
Como a primeira janela onde a madrugada bate,
E me envolve como uma recordação duma outra pessoa
Que fosse misteriosamente minha.

Ah, quem sabe, quem sabe,
Se não parti outrora, antes de mim,
Dum cais; se não deixei, navio ao sol
Oblíquo da madrugada,
Uma outra espécie de porto?
Quem sabe se não deixei, antes de a hora
Do mundo exterior como eu o vejo
Raiar-se para mim,
Um grande cais cheio de pouca gente,
Duma grande cidade meio desperta,
Duma enorme cidade comercial, crescida, apoplética,
Tanto quanto isso pode ser fora do Espaço e do Tempo?

Sim, dum cais, dum cais dalgum modo material,
Real, visível como cais, cais realmente,
O Cais Absoluto por cujo modelo inconscientemente imitado,
Insensivelmente evocado,
Nós os homens construímos
Os nossos cais de pedra atual sobre água verdadeira,
Que depois de construídos se anunciam de repente
Coisas-Reais, Espíritos-Coisas, Entidades em Pedra-Almas,
A certos momentos nossos de sentimento-raiz
Quando no mundo-exterior como que se abre uma porta
E, sem que nada se altere,
Tudo se revela diverso.

Ah o Grande Cais donde partimos em Navios-Nações!
O Grande Cais Anterior, eterno e divino!
De que porto? Em que águas? E por que penso eu isto?
Grande Cais como os outros cais, mas o Único.
Cheio como eles de silêncios rumorosos nas antemanhãs,
E desabrochando com as manhãs num ruído de guindastes
E chegadas de comboios de mercadorias,
E sob a nuvem negra e ocasional e leve

Do fumo das chaminés das fábricas próximas
Que lhe sombreia o chão preto de carvão pequenino que brilha,
Como se fosse a sombra duma nuvem que passasse sobre água
[sombria.

Ah, que essencialidade de mistério e sentido parados
Em divino êxtase revelador
Às horas cor de silêncios e angústias
Não é ponte entre qualquer cais e O Cais!

Cais negramente refletido nas águas paradas,
Bulício a bordo dos navios,
Ó alma errante e instável da gente que anda embarcada,
Da gente simbólica que passa e com quem nada dura,
Que quando o navio volta ao porto
Há sempre qualquer alteração a bordo!

Ó fugas contínuas, idas, ebriedade do Diverso!
Alma eterna dos navegadores e das navegações!
Cascos refletidos devagar nas águas,
Quando o navio larga do porto!
Flutuar como alma da vida, partir como voz,
Viver o momento tremulamente sobre águas eternas.
Acordar para dias mais diretos que os dias da Europa,
Ver portos misteriosos sobre a solidão do mar,
Virar cabos longínquos para súbitas vastas paisagens
Por inumeráveis encostas atônitas...

Ah, as praias longínquas, os cais vistos de longe,
E depois as praias próximas, os cais vistos de perto.
O mistério de cada ida e de cada chegada,
A dolorosa instabilidade e incompreensibilidade
Deste impossível universo
A cada hora marítima mais na própria pele sentido!

O soluço absurdo que as nossas almas derramam
Sobre as extensões de mares diferentes com ilhas ao longe,
Sobre as ilhas longínquas das costas deixadas passar,
Sobre o crescer nítido dos portos, com as suas casas e a sua gente,
Para o navio que se aproxima.

Ah, a frescura das manhãs em que se chega,
E a palidez das manhãs em que se parte,
Quando as nossas entranhas se arrepanham
E uma vaga sensação parecida com um medo
— O medo ancestral de se afastar e partir,
O misterioso receio ancestral à Chegada e ao Novo —
Encolhe-nos a pele e agonia-nos,
E todo o nosso corpo angustiado sente,
Como se fosse a nossa alma,
Uma inexplicável vontade de poder sentir isto doutra maneira.
Uma saudade a qualquer coisa,
Uma perturbação de afeições a que vaga pátria?
A que costa? a que navio? a que cais?
Que se adoece em nós o pensamento,
E só fica um grande vácuo dentro de nós,
Uma oca saciedade de minutos marítimos,
E uma ansiedade vaga que seria tédio ou dor
Se soubessem como sê-lo...

A manhã de Verão está, ainda assim, um pouco fresca.
Um leve torpor de noite anda ainda no ar sacudido.
Acelera-se ligeiramente o volante dentro de mim.
E o paquete vem entrando, porque deve ir entrando sem dúvida,
E não porque eu o veja mover-se na sua distância excessiva.

Na minha imaginação ele está já perto e é visível
Em toda a extensão das linhas das suas vigias,
E treme em mim tudo, toda a carne e toda a pele,

Por causa daquela criatura que nunca chega em nenhum barco
E eu vim esperar hoje ao cais, por um mandado oblíquo.

Os navios que entram a barra,
Os navios que saem dos portos,
Os navios que passam ao longe
(Suponho-me vendo-os duma praia deserta) —
Todos estes navios abstratos quase na sua ida,
Todos estes navios assim comovem-me como se fossem outra coisa
E não apenas navios, indo e vindo.

E os navios vistos de perto, mesmo que se não vá embarcar neles,
Vistos de baixo, dos botes, muralhas altas de chapas,
Vistos dentro, através das câmaras, das salas, das despensas,
Olhando de perto os mastros, afilando-se lá pro alto,
Roçando pelas cordas, descendo as escadas incômodas,
Cheirando a untada mistura metálica e marítima de tudo
[aquilo —
Os navios vistos de perto são outra coisa e a mesma coisa,
Dão a mesma saudade e a mesma ânsia doutra maneira.

Toda a vida marítima! tudo na vida marítima!
Insinua-se no meu sangue toda essa sedução fina
E eu cismo indeterminadamente as viagens.
Ah, as linhas das costas distantes, achatadas pelo horizonte!
Ah, os cabos, as ilhas, as praias areentas!
As solidões marítimas, como certos momentos no Pacífico
Em que não sei por que sugestão aprendida na escola
Se sente pesar sobre os nervos o fato de que aquele é o maior
[dos oceanos
E o mundo e o sabor das coisas tornam-se um deserto dentro
[de nós!
A extensão mais humana, mais salpicada, do Atlântico!
O Índico, o mais misterioso dos oceanos todos!

O Mediterrâneo, doce, sem mistério nenhum, clássico, um mar
[pra bater
De encontro a esplanadas olhadas de jardins próximos por
[estátuas brancas!
Todos os mares, todos os estreitos, todas as baías, todos os golfos,
Queria apertá-los ao peito, senti-los bem e morrer!

E vós, ó coisas navais, meus velhos brinquedos de sonho!
Componde fora de mim a minha vida interior!
Quilhas, mastros e velas, rodas do leme, cordagens,
Chaminés de vapores, hélices, gáveas, flâmulas,
Galdropes, escotilhas, caldeiras, coletores, válvulas,
Caí por mim dentro em montão, em monte,
Como o conteúdo confuso de uma gaveta despejada no chão!
Sede vós o tesouro da minha avareza febril,
Sede vós os frutos da árvore da minha imaginação.
Tema de cantos meus, sangue nas veias da minha inteligência,
Vosso seja o laço que me une ao exterior pela estética,
Fornecei-me metáforas, imagens, literatura,
Porque em real verdade, a sério, literalmente,
Minhas sensações são um barco de quilha pro ar,
Minha imaginação uma âncora meio submersa,
Minha ânsia um remo partido,
E a tessitura dos meus nervos uma rede a secar na praia!

Soa no acaso do rio um apito, só um.
Treme já todo o chão do meu psiquismo.
Acelera-se cada vez mais o volante dentro de mim.
Ah, os paquetes, as viagens, o não-se-saber-o-paradeiro
De Fulano de tal, marítimo, nosso conhecido!
Ah, a glória de se saber que um homem que andava conosco
Morreu afogado ao pé duma ilha do Pacífico!
Nós que andamos com ele vamos falar nisso a todos.
Com um orgulho legítimo, com uma confiança invisível

Em que tudo isto tenha um sentido mais belo e mais vasto
Que apenas o ter-se perdido o barco onde ele ia
E ele ter ido ao fundo por lhe ter entrado água pros pulmões!

Ah, os paquetes, os navios-carvoeiros, os navios de vela!
Vão rareando — ai de mim! — os navios de vela nos mares!

E eu, que amo a civilização moderna, eu que beijo com a alma
[as máquinas,
Eu o engenheiro, eu o civilizado, eu o educado no estrangeiro,
Gostaria de ter outra vez ao pé da minha vista só veleiros e
[barcos de madeira,
De não saber doutra vida marítima que a antiga vida dos mares!
Porque os mares antigos são a Distância Absoluta,
O Puro Longe, liberto do peso do Atual...
E ah, como aqui tudo me lembra essa vida melhor,
Esses mares, maiores, porque se navega mais devagar.
Esses mares, misteriosos, porque se sabia menos deles.

Todo o vapor ao longe é um barco de vela perto.
Todo o navio distante visto agora é um navio no passado visto
[próximo.
Todos os marinheiros invisíveis a bordo dos navios no horizonte
São os marinheiros visíveis do tempo dos velhos navios,
Da época lenta e veleira das navegações perigosas,
Da época de madeira e lona das viagens que duravam meses.

Toma-me pouco a pouco o delírio das coisas marítimas,
Penetram-me fisicamente o cais e a sua atmosfera,
O marulho do Tejo galga-me por cima dos sentidos,
E começo a sonhar, começo a envolver-me do sonho das águas,
Começam a pegar bem as correias-de-transmissão na minh'alma
E a aceleração do volante sacode-me nitidamente.

Chamam por mim as águas,
Chamam por mim os mares.
Chamam por mim, levantando uma voz corpórea, os longes,
As épocas marítimas todas sentidas no passado, a chamar.

Tu, marinheiro inglês, Jim Barns meu amigo, foste tu
Que me ensinaste esse grito antiquíssimo, inglês,
Que tão venenosamente resume
Para as almas complexas como a minha
O chamamento confuso das águas,
A voz inédita e implícita de todas as coisas do mar,
Dos naufrágios, das viagens longínquas, das travessias perigosas.
Esse teu grito inglês, tornado universal no meu sangue,
Sem feitio de grito, sem forma humana nem voz.
Esse grito tremendo que parece soar
De dentro duma caverna cuja abóbada é o céu
E parece narrar todas as sinistras coisas
Que podem acontecer no Longe, no Mar, pela Noite...
(Fingias sempre que era por uma escuna que chamavas,
E dizias assim, pondo uma mão de cada lado da boca,
Fazendo porta-voz das grandes mãos curtidas e escuras:

Ahò-ò-ò-ò-ò-ò-ò-ò-ò-ò-ò — yyyy...
Schooner ahò-ò-ò-ò-ò-ò-ò-ò-ò-ò-ò-ò-ò-ò-ò — yyyy...)

Escuto-te de aqui, agora, e desperto a qualquer coisa.
Estremece o vento. Sobe a manhã. O calor abre.
Sinto corarem-me as faces.
Meus olhos conscientes dilatam-se.
O êxtase em mim levanta-se, cresce, avança,
E com um ruído cego de arruaça acentua-se
O giro vivo do volante.

Ó clamoroso chamamento
A cujo calor, a cuja fúria fervem em mim
Numa unidade explosiva todas as minhas ânsias,
Meus próprios tédios tornados dinâmicos, todos!...
Apelo lançado ao meu sangue
Dum amor passado, não sei onde, que volve
E ainda tem força para me atrair e puxar,
Que ainda tem força para me fazer odiar esta vida
Que passo entre a impenetrabilidade física e psíquica
Da gente real com que vivo!

Ah, seja como for, seja por onde for, partir!
Largar por aí fora, pelas ondas, pelo perigo, pelo mar,
Ir para Longe, ir para Fora, para a Distância Abstrata,
Indefinidamente, pelas noites misteriosas e fundas,
Levado, como poeira, p'los ventos, p'los vendavais!
Ir, ir, ir, ir de vez!

Todo o meu sangue raiva por asas!
Todo o meu corpo atira-se pra frente!
Galgo p'la minha imaginação fora em torrentes!
Atropelo-me, rujo, precipito-me!...
Estoiram em espuma as minhas ânsias
E a minha carne é uma onda dando de encontro a rochedos!

Pensando nisto — ó raiva! pensando nisto — ó fúria!
Subitamente, tremulamente, extraorbitadamente,
Pensando nesta estreiteza da minha vida cheia de ânsias,
Com uma oscilação viciosa, vasta, violenta,
Do volante vivo da minha imaginação,
Rompe, por mim, assobiando, silvando, vertiginando,
O cio sombrio e sádico da estrídula vida marítima.

Eh marinheiros, gajeiros, eh tripulantes, pilotos!
Navegadores, mareantes, marujos, aventureiros!
Eh capitães de navios! homens ao leme e em mastros!
Homens que dormem em beliches rudes!
Homens que dormem co'o Perigo a espreitar p'las vigias!
Homens que dormem co'a Morte por travesseiro!
Homens que têm tombadilhos, que têm pontes donde olhar
A imensidade imensa do mar imenso!
Eh manipuladores dos guindastes de carga!
Eh amainadores de velas, fogueiros, criados de bordo!

Homens que metem a carga nos porões!
Homens que enrolam cabos no convés!
Homens que limpam os metais das escotilhas!
Homens do leme! homens das máquinas! homens dos mastros!
Eh-eh-eh-eh-eh-eh-eh!
Gente de boné de pala! Gente de camisola de malha!
Gente de âncoras e bandeiras cruzadas bordadas no peito!
Gente tatuada! gente de cachimbo! gente de amurada!
Gente escura de tanto sol, crestada de tanta chuva,
Limpa de olhos de tanta imensidade diante deles,
Audaz de rosto de tantos ventos que lhes bateram a valer!

Eh-eh-eh-eh-eh-eh-eh!
Homens que vistes a Patagônia!
Homens que passastes pela Austrália!
Que enchestes o vosso olhar de costas que nunca verei!
Que fostes a terra em terras onde nunca descerei!
Que comprastes artigos toscos em colônias à proa de sertões!
E fizestes tudo isso como se não fosse nada,
Como se isso fosse natural,
Como se a vida fosse isso,
Como nem sequer cumprindo um destino!
Eh-eh-eh-eh-eh-eh-eh!

Homens do mar atual! homens do mar passado!
Comissários de bordo! escravos das galés! combatentes de
[Lepanto!
Piratas do tempo de Roma! Navegadores da Grécia!
Fenícios! Cartagineses! Portugueses atirados de Sagres
Para a aventura indefinida, para o Mar Absoluto, para realizar
[o Impossível!
Eh-eh-eh-eh-eh-eh-eh-eh-eh!
Homens que erguestes padrões, que destes nomes a cabos!
Homens que negociastes pela primeira vez com pretos!
Que primeiro vendestes escravos de novas terras!
Que destes o primeiro espasmo europeu às negras atônitas!
Que trouxestes ouro, miçanga, madeiras cheirosas, setas,
De encostas explodindo em verde vegetação!
Homens que saqueastes tranquilas povoações africanas,
Que fizestes fugir com o ruído de canhões essas raças,
Que matastes, roubastes, torturastes, ganhastes
Os prêmios de Novidade de quem, de cabeça baixa
Arremete contra o mistério de novos mares! Eh-eh-eh-eh-eh!
A vós todos num, a vós todos em vós todos como um,
A vós todos misturados, entrecruzados,
A vós todos, sangrentos, violentos, odiados, temidos, sagrados,
Eu vos saúdo, eu vos saúdo, eu vos saúdo!
Eh-eh-eh-eh eh! Eh-eh-eh-eh eh! Eh-eh-eh eh-eh-eh eh!
Eh lahô-lahô laHO-lahá-á-á-à-à!

Quero ir convosco, quero ir convosco,
Ao mesmo tempo com vós todos
Pra toda a parte pr'onde fostes!
Quero encontrar vossos perigos frente a frente,
Sentir na minha cara os ventos que engelharam as vossas,
Cuspir dos lábios o sal dos mares que beijaram os vossos,
Ter braços na vossa faina, partilhar das vossas tormentas,
Chegar como vós, enfim, a extraordinários portos!

Fugir convosco à civilização!
Perder convosco a noção da moral!
Sentir mudar-se no longe a minha humanidade!
Beber convosco em mares do Sul
Novas selvajarias, novas balbúrdias da alma,
Novos fogos centrais no meu vulcânico espírito!
Ir convosco, despir de mim — ah! põe-te daqui pra fora! —
O meu traje de civilizado, a minha brandura de ações,
Meu medo inato das cadeias,
Minha pacífica vida,
A minha vida sentada, estática, regrada e revista!

No mar, no mar, no mar, no mar,
Eh! pôr no mar, ao vento, às vagas,
A minha vida!
Salgar de espuma arremessada pelos ventos
Meu paladar das grandes viagens.
Fustigar de água chicoteante as carnes da minha aventura,
Repassar de frios oceânicos os ossos da minha existência,
Flagelar, cortar, engelhar de ventos, de espumas, de sóis,
Meu ser ciclônico e atlântico,
Meus nervos postos como enxárcias,
Lira nas mãos dos ventos!

Sim, sim, sim... Crucificai-me nas navegações
E as minhas espáduas gozarão a minha cruz!
Atai-me às viagens como a postes
E a sensação dos postes entrará pela minha espinha
E eu passarei a senti-los num vasto espasmo passivo!
Fazei o que quiserdes de mim, logo que seja nos mares,
Sobre conveses, ao som de vagas,
Que me rasgueis, mateis, firais!
O que quero é levar pra Morte
Uma alma a transbordar de Mar,

Ébria a cair das coisas marítimas,
Tanto dos marujos como das âncoras, dos cabos,
Tanto das costas longínquas como do ruído dos ventos,
Tanto de Longe como do Cais, tanto dos naufrágios
Como dos tranquilos comércios,
Tanto dos mastros como das vagas,
Levar pra Morte com dor, voluptuosamente,
Um copo cheio de sanguessugas, a sugar, a sugar,
De estranhas verdes absurdas sanguessugas marítimas!

Façam enxárcias das minhas veias!
Amarras dos meus músculos!
Arranquem-me a pele, preguem-a às quilhas.
E possa eu sentir a dor dos pregos e nunca deixar de sentir!
Façam do meu coração uma flâmula de almirante
Na hora de guerra dos velhos navios!
Calquem aos pés nos conveses meus olhos arrancados!
Quebrem-me os ossos de encontro às amuradas!
Fustiguem-me atado aos mastros, fustiguem-me!
A todos os ventos de todas as latitudes e longitudes
Derramem meu sangue sobre as águas arremessadas
Que atravessam o navio, o tombadilho, de lado a lado.
Nas vascas bravas das tormentas!

Ter a audácia ao vento dos panos das velas!
Ser, como as gáveas altas, o assobio dos ventos!
A velha guitarra do Fado dos mares cheios de perigos,
Canção para os navegadores ouvirem e não repetirem!

Os marinheiros que se sublevaram
Enforcaram o capitão numa verga.
Desembarcaram um outro numa ilha deserta.
Marooned!
O sol dos trópicos pôs a febre da pirataria antiga

Nas minhas veias intensivas.
Os ventos da Patagônia tatuaram a minha imaginação
De imagens trágicas e obscenas.
Fogo, fogo, fogo, dentro de mim!
Sangue! sangue! sangue! sangue!
Explode todo o meu cérebro!
Parte-se-me o mundo em vermelho!

Estoiram-se com o som de amarras as veias!
E estala em mim, feroz, voraz,
A canção do Grande Pirata,
A morte berrada do Grande Pirata a cantar
Até meter pavor p'las espinhas dos seus homens abaixo.
Lá da ré a morrer, e a berrar, a cantar.

Fifteen men on the Dead Man's Chest.
Yo-ho ho and a bottle of rum!

E depois a gritar, numa voz já irreal, a estoirar no ar:

Darby M'Graw-aw-aw-aw-aw!
Darby M'Graw-aw-aw-aw-aw-aw-aw!
Fetch a-a-aft the ru-u-u-u-u-u-u-u-um, Darby!

Eia, que vida essa! essa era a vida, eia!
Eh-eh-eh eh-eh-eh-eh!
Eh-lahô-lahô-laHO-lahá-á-á-à-à!
Eh-eh-eh-eh-eh-eh-eh!

Quilhas partidas, navios ao fundo, sangue nos mares
Conveses cheios de sangue, fragmentos de corpos!
Dedos decepados sobre amuradas!
Cabeças de crianças, aqui, acolá!
Gente de olhos fora, a gritar, a uivar!

Eh-eh-eh-eh-eh-eh-eh-eh-eh-eh!
Eh-eh-eh-eh-eh-eh-eh-eh-eh-eh!
Embrulho-me em tudo isto como uma capa no frio!
Roço-me por tudo isto como uma gata com cio por um muro!
Rujo como um leão faminto para tudo isto!
Arremeto como um toiro louco sobre tudo isto!
Cravo unhas, parto garras, sangro dos dentes sobre isto!
Eh-eh-eh-eh eh-eh eh-eh-eh-eh!

De repente estala-me sobre os ouvidos
Como um clarim a meu lado,
O velho grito, mas agora irado, metálico,
Chamando a presa que se avista,
A escuna que vai ser tomada:

Ahó-ó-ó-ó-ó-ó-ó-ó-ó-ó-ó — yyy...
Schooner ahó-ó-ó-ó-ó-ó-ó-ó-ó-ó-ó-ó-ó — yyyy...

O mundo inteiro não existe para mim! Ardo vermelho!
Rujo na fúria da abordagem!
Pirata-mor! César-Pirata!
Pilho, mato, esfacelo, rasgo!

Só sinto o mar, a presa, o saque!
Só sinto em mim bater, baterem-me
As veias das minhas fontes!
Escorre sangue quente a minha sensação dos meus olhos!
Eh-eh-eh-eh-eh-eh-eh-eh-eh-eh-eh!

Ah piratas, piratas, piratas!
Piratas, amai-me e odiai-me!
Misturai-me convosco, piratas!

Vossa fúria, vossa crueldade como falam ao sangue
Dum corpo de mulher que foi meu outrora e cujo cio sobrevive!

Eu queria ser um bicho representativo de todos os vossos gestos,
Um bicho que cravasse dentes nas amuradas, nas quilhas,
Que comesse mastros, bebesse sangue e alcatrão nos conveses,
Trincasse velas, remos, cordame e poleame,
Serpente do mar feminina e monstruosa cevando-se nos crimes!

E há uma sinfonia de sensações incompatíveis e análogas,
Há uma orquestração no meu sangue de balbúrdias de crimes,
De estrépitos espasmados de orgias de sangue nos mares,
Furibundamente, como um vendaval de calor pelo espírito,
Nuvem de poeira quente anuviando a minha lucidez
E fazendo-me ver e sonhar isto tudo só com a pele e as veias!

Os piratas, a pirataria, os barcos, a hora,
Aquela hora marítima em que as presas são assaltadas
E o terror dos apresados foge pra loucura — essa hora,
No seu total de crimes, terror, barcos, gente, mar, céu, nuvens,
Brisa, latitude, longitude, vozearia,
Queria eu que fosse em seu Todo meu corpo em seu Todo,
[sofrendo,
Que fosse meu corpo e meu sangue, compusesse meu ser em
[vermelho,
Florescesse como uma ferida comichando na carne irreal da
[minha alma!

Ah, ser tudo nos crimes! ser todos os elementos componentes
Dos assaltos aos barcos e das chacinas e das violações!
Ser quanto foi no lugar dos saques!
Ser quanto viveu ou jazeu no local das tragédias de sangue!
Ser o pirata-resumo de toda a pirataria no seu auge,
E a vítima-síntese, mas de carne e osso, de todos os piratas do mundo!

Ser o meu corpo passivo a mulher-todas-as-mulheres
Que foram violadas, mortas, feridas, rasgadas p'los piratas!
Ser no meu ser subjugado a fêmea que tem de ser deles!
E sentir tudo isso — todas estas coisas duma só vez — pela
[espinha!

Ó meus peludos e rudes heróis da aventura e do crime!
Minhas marítimas feras, maridos da minha imaginação!
Amantes casuais da obliquidade das minhas sensações!
Queria ser Aquela que vos esperasse nos portos,
A vós, odiados amados do seu sangue de pirata nos sonhos!
Porque ela teria convosco, mas só em espírito, raivado
Sobre os cadáveres nus das vítimas que fazeis no mar!
Porque ela teria acompanhado vosso crime, e na orgia oceânica
Seu espírito de bruxa dançarina invisível em volta dos gestos
Dos vossos corpos, dos vossos cutelos, das vossas mãos
[estranguladoras!
E ela em terra, esperando-vos, quando viésseis, se acaso viésseis,
Iria beber nos rugidos do vosso amor todo o vasto,
Todo o nevoento e sinistro perfume das vossas vitórias,
E através dos vossos espasmos silvaria um *sabbat* de vermelho
[e amarelo!

A carne rasgada, a carne aberta e estripada, o sangue correndo
Agora, no auge conciso de sonhar o que vós fazíeis,
Perco-me todo de mim, já não vos pertenço, sou vós,
A minha feminilidade que vos acompanha é ser as vossas almas!
Estar por dentro de toda a vossa ferocidade, quando a praticáveis!
Sugar por dentro a vossa consciência das vossas sensações
Quando tingíeis de sangue os mares altos,
Quando de vez em quando atiráveis aos tubarões
Os corpos vivos ainda dos feridos, a carne rosada das crianças
E leváveis as mães às amuradas para verem o que lhes acontecia!

Estar convosco na carnagem, na pilhagem!
Estar orquestrado convosco na sinfonia dos saques!
Ah, não sei que, não sei quanto queria eu ser de vós!
Não era só ser-vos a fêmea, ser-vos as fêmeas, ser-vos as vítimas,
Ser-vos as vítimas — homens, mulheres, crianças, navios —,
Não era só ser a hora e os barcos e as ondas,
Não era só ser vossas almas, vossos corpos, vossa fúria, vossa posse,
Não era só ser concretamente vosso ato abstrato de orgia,
Não era só isto que eu queria ser — era mais que isto, o Deus-isto!
Era preciso ser Deus, o Deus dum culto ao contrário,
Um Deus monstruoso e satânico, um Deus dum panteísmo
[de sangue.
Para poder encher toda a medida da minha fúria imaginativa,
Para poder nunca esgotar os meus desejos de identidade
Com o cada, e o tudo, e o mais-que-tudo das vossas vitórias!

Ah! torturai-me para me curardes!
Minha carne — fazei dela o ar que os vossos cutelos atravessam
Antes de caírem sobre as cabeças e os ombros!
Minhas veias sejam os fatos que as facas trespassam!
Minha imaginação o corpo das mulheres que violais!
Minha inteligência o convés onde estais de pé matando!
Minha vida toda, no seu conjunto nervoso, histérico, absurdo,
O grande organismo de que cada ato de pirataria que se cometeu
Fosse uma célula consciente — e todo eu turbilhonasse
Como uma imensa podridão ondeando, e fosse aquilo tudo!

Com tal velocidade desmedida, pavorosa,
A máquina de febre das minhas visões transbordantes
Gira agora que a minha consciência, volante,
É apenas um nevoento círculo assobiando no ar.

Fifteen men on the Dead Man's Chest.
Yo-ho-ho and a bottle of rum!

Eh-lahô-lahô-laHO — lahá-á-ááá — ààà...

Ah! a selvageria desta selvageria! Merda
Pra toda a vida como a nossa, que não é nada disto!
Eu pr'aqui engenheiro, prático à força, sensível a tudo,
Pr'aqui parado, em relação a vós, mesmo quando ando;
Mesmo quando ajo, inerte; mesmo quando me imponho, díbil;
Estático, quebrado, dissidente, covarde da vossa Glória,
Da vossa grande dinâmica estridente, quente e sangrenta!

Arre! por não poder agir de acordo com o meu delírio!
Arre! por andar sempre agarrado às saias da civilização!
Por andar com a *douceur des moeurs* às costas, como um fardo
[de rendas!
Moços de esquina — todos nós o somos — do humanitarismo
[moderno!

Estupores de tísicos, de neurastênicos, de linfáticos,
Sem coragem para ser gente com violência e audácia,
Com a alma como uma galinha presa por uma perna!

Ah, os piratas! os piratas!
A ânsia do ilegal unido ao feroz,
A ânsia das coisas absolutamente cruéis e abomináveis,
Que rói como um cio abstrato os nossos corpos franzinos,
Os nossos nervos femininos e delicados,
E põe grandes febres loucas nos nossos olhares vazios!

Obrigai-me a ajoelhar diante de vós!
Humilhai-me e batei-me!
Fazei de mim o vosso escravo e a vossa coisa!
E que o vosso desprezo por mim nunca me abandone.
Ó meus senhores! ó meus senhores!

Tomar sempre gloriosamente a parte submissa
Nos acontecimentos de sangue e nas sensualidades estiradas!
Desabai sobre mim, como grandes muros pesados,
Ó bárbaros do antigo mar!
Rasgai-me e feri-me!
De leste a oeste do meu corpo
Riscai de sangue a minha carne!

Beijai com cutelos de bordo e açoites e raiva
O meu alegre terror carnal de vos pertencer,
A minha ânsia masoquista em me dar à vossa fúria,
Em ser objeto inerte e sentiente da vossa omnívora crueldade,
Dominadores, senhores, imperadores, corcéis!
Ah, torturai-me,
Rasgai-me e abri-me!
Desfeito em pedaços conscientes
Entornai-me sobre os conveses,
Espalhai-me nos mares, deixai-me
Nas praias ávidas das ilhas!

Cevai sobre mim todo o meu misticismo de vós!
Cinzelai a sangue a minh'alma
Cortai, riscai!
Ó tatuadores da minha imaginação corpórea!
Esfoladores amados da minha carnal submissão!
Submetei-me como quem mata um cão a pontapés!
Fazei de mim o poço para o vosso desprezo de domínio!

Fazei de mim as vossas vítimas todas!
Como Cristo sofreu por todos os homens, quero sofrer
Por todas as vossas vítimas às vossas mãos,
Às vossas mãos calosas, sangrentas e de dedos decepados
Nos assaltos bruscos de amuradas!

Fazei de mim qualquer cousa como se eu fosse
Arrastado — ó prazer, ó beijada dor! —
Arrastado à cauda de cavalos chicoteados por vós...
Mas isto no mar, isto no ma-a-ar, isto no MA-A-A-AR!
Eh-eh-eh-eh-eh! Eh-eh-eh-eh-eh-eh-eh! EH-EH-EH-
[EH-EH-EH-EH! No MA-A-A-A-AR!

Yeh-eh-eh-eh-eh-eh! Yeh-eh-eh-eh-eh-eh! Yeh-eh-eh-eh-
[eh-eh-eh-eh!
Grita tudo! tudo a gritar! ventos, vagas, barcos,
Mares, gáveas, piratas, a minha alma, o sangue, e o ar, e o ar!
Eh-eh-eh-eh! Yeh-eh-eh-eh-eh! Yeh-eh-eh-eh-eh! Tudo canta
[a gritar!

FIFTEEN MEN ON THE DEAD MAN'S CHEST.
YO-HO-HO AND A BOTTLE OF RUM!

Eh-eh-eh-eh-eh-eh-eh! Eh-eh-eh-eh-eh-eh-eh! Eh-eh-he
[eh-he-eh-eh!
Eh-laô-lahô-laHO-O-O-ôô-lahá-á-á — ààà!

AH-Ó-Ó-Ó-Ó-Ó-Ó-Ó-Ó-Ó-Ó — yyy!...
SCHOONER AHÓ-Ó-Ó-Ó-Ó-Ó-Ó-Ó-Ó-Ó — yyyy!...

Darby M'Graw-aw-aw-aw-aw-aw!
DARBY M'GRAW-AW-AW-AW-AW-AW-AW!
FETCH A-A-AFT THE RU-U-U-U-U-UM, DARBY!

Eh-eh-eh-eh-eh-eh-eh-eh-eh-eh eh-eh eh!
EH-EH EH-EH-EH EH-EH EH-EH EH-EH-EH!
EH-EH-EH-EH-EH-EH-EH-EH-EH EH EH-EH!
EH-EH-EH-EH-EH-EH-EH-EH-EH-EH-EH-EH!

EH-EH-EH-EH-EH-EH-EH-EH-EH-EH-EH!

Parte-se em mim qualquer coisa. O vermelho anoiteceu.
Senti demais para poder continuar a sentir.
Esgotou-se-me a alma, ficou só um eco dentro de mim.
Decresce sensivelmente a velocidade do volante.
Tiram-me um pouco as mãos dos olhos os meus sonhos.
Dentro de mim há um só vácuo, um deserto, um mar noturno.
E logo que sinto que há um mar noturno dentro de mim,
Sobe dos longes dele, nasce do seu silêncio,
Outra vez, outra vez o vasto grito antiquíssimo.
De repente, como um relâmpago de som, que não faz barulho mas
[ternura,
Subitamente abrangendo todo o horizonte marítimo
Úmido e sombrio marulho humano noturno,
Voz de sereia longínqua chorando, chamando,
Vem do fundo do Longe, do fundo do Mar, da alma dos Abismos,
E à tona dele, como algas, boiam meus sonhos desfeitos...

Ahò-ò-ò-ò-ò-ò-ò-ò-ò-ò-ò — yy...
Schooner ahò-ò-ò-ò-ò-ò-ò-ò-ò-ò-ò-ò-ò — yy... ...

Ah, o orvalho sobre a minha excitação!
O frescor noturno no meu oceano interior!
Eis tudo em mim de repente ante uma noite no mar
Cheia de enorme mistério humaníssimo das ondas noturnas.
A lua sobe no horizonte
E a minha infância feliz acorda, como uma lágrima, em mim.
O meu passado ressurge, como se esse grito marítimo
Fosse um aroma, uma voz, o eco duma canção
Que fosse chamar ao meu passado
Por aquela felicidade que nunca mais tornarei a ter.

Era na velha casa sossegada ao pé do rio...
(As janelas do meu quarto, e as da casa de jantar também,
Davam, por sobre umas casas baixas, para o rio próximo,

Para o Tejo, este mesmo Tejo, mas noutro ponto, mais abaixo...
Se eu agora chegasse às mesmas janelas não chegava às mesmas
[janelas
Aquele tempo passou como o fumo dum vapor no mar alto...)

Uma inexplicável ternura,
Um remorso comovido e lacrimoso,
Por todas aquelas vítimas — principalmente as crianças —
Que sonhei fazendo ao sonhar-me pirata antigo,
Emoção comovida, porque elas foram minhas vítimas;
Terna e suave, porque não o foram realmente;
Uma ternura confusa, como um vidro embaciado, azulada,
Canta velhas canções na minha pobre alma dolorida.

Ah, como pude eu pensar, sonhar aquelas coisas?
Que longe estou do que fui há uns momentos!
Histeria das sensações — ora estas, ora as opostas!
Na loura manhã que se ergue, como o meu ouvido só escolhe
As cousas de acordo com esta emoção — o marulho das águas,
O marulho leve das águas do rio de encontro ao cais...,
A vela passando perto do outro lado do rio,
Os montes longínquos, dum azul japonês,
As casas de Almada,
E o que há de suavidade e de infância na hora matutina!...

Uma gaivota que passa,
E a minha ternura é maior.

Mas todo este tempo não estive a reparar para nada.
Tudo isto foi uma impressão só da pele, como uma carícia.
Todo este tempo não tirei os olhos do meu sonho longínquo,
Da minha casa ao pé do rio,
Da minha infância ao pé do rio,

Das janelas do meu quarto dando para o rio de noite,
E a paz do luar esparso nas águas...

Minha velha tia, que me amava por causa do filho que perdeu...,
Minha velha tia costumava adormecer-me cantando-me
(Se bem que eu fosse já crescido demais para isso)...
Lembro-me e as lágrimas caem sobre o meu coração e lavam-no
[da vida,
E ergue-se uma leve brisa marítima dentro de mim.
Às vezes ele cantava a "Nau Catrineta":

> *Lá vai a Nau Catrineta*
> *Por sobre as águas do mar...*

E outras vezes, numa melodia muito saudosa e tão medieval,
Era a "Bela Infanta"... Relembro, e a pobre velha voz ergue-se
[dentro de mim
E lembra-me que pouco me lembrei dela depois, e ela amava-me
[tanto!
Como fui ingrato para ela — e afinal que fiz eu da vida?
Era a "Bela Infanta"... Eu fechava os olhos, e ela cantava:

> *Estando a Bela Infanta*
> *No seu jardim assentada...*

Eu abria um pouco os olhos e via a janela cheia de luar
E depois fechava os olhos outra vez, e em tudo isto era feliz

> *Estando a Bela Infanta*
> *No seu jardim assentada,*
> *Seu pente de ouro na mão,*
> *Seus cabelos penteava...*

Ó meu passado de infância, boneco que me partiram!

Não poder viajar pra o passado, para aquela casa e aquela afeição,
E ficar lá sempre, sempre criança e sempre contente!

Mas tudo isto foi o Passado, lanterna a uma esquina de rua velha.
Pensar nisto faz frio, faz fome duma cousa que se não pode obter.
Dá-me não sei que remorso absurdo pensar nisto.
Oh turbilhão lento de sensações desencontradas!
Vertigem tênue de confusas coisas na alma!
Fúrias partidas, ternuras como carrinhos de linha com que
[as crianças brincam,
Grandes desabamentos de imaginação sobre os olhos dos sentidos,
Lágrimas, lágrimas inúteis,
Leves brisas de contradição roçando pela face a alma...

Evoco, por um esforço voluntário, para sair desta emoção,
Evoco, com um esforço desesperado, seco, nulo,
A canção do Grande Pirata, quando estava a morrer:

> *Fifteen men on the Dead Man's Chest.*
> *Yo-ho-ho and a bottle of rum!*

Mas a canção é uma linha reta maltraçada dentro de mim...

Esforço-me e consigo chamar outra vez ante os meus olhos na alma,
Outra vez, mas através duma imaginação quase literária,
A fúria da pirataria, da chacina, o apetite, quase do paladar,
[do saque,
Da chacina inútil de mulheres e de crianças,
Da tortura fútil, e só para nos distrairmos, dos passageiros pobres
E a sensualidade de escangalhar e partir as coisas mais queridas
[dos outros,
Mas sonho isto tudo com um medo de qualquer coisa a
[respirar-me sobre a nuca.
Lembro-me de que seria interessante
Enforcar os filhos à vista das mães

(Mas sinto-me sem querer as mães deles),
Enterrar vivas nas ilhas desertas as crianças de quatro anos
Levando os pais em barcos até lá para verem
(Mas estremeço, lembrando-me dum filho que não tenho e está dormindo tranquilo em casa).

Aguilhoo uma ânsia fria dos crimes marítimos,
Duma inquisição sem a desculpa da Fé,
Crimes nem sequer com razão de ser de maldade e de fúria,
Feitos a frio, nem sequer para ferir, nem sequer para fazer mal,
Nem sequer para nos divertirmos, mas apenas para passar o tempo,
Como quem faz paciências a uma mesa de jantar de
província com a toalha atirada pra o outro lado da mesa depois
[de jantar,
Só pelo suave gosto de cometer crimes abomináveis e não
[os achar grande coisa,
De ver sofrer até ao ponto da loucura e da morte-pela-dor mas
[nunca deixar chegar lá...
Mas a minha imaginação recusa-se a acompanhar-me.
Um calafrio arrepia-me.
E de repente, mais de repente do que da outra vez, de mais longe,
[de mais fundo,
De repente — oh pavor por todas as minhas veias! —,
Oh frio repentino da porta para o Mistério que se abriu dentro
[de mim e deixou entrar uma corrente de ar!
Lembro-me de Deus, do Transcendental da vida, e de repente
A velha voz do marinheiro inglês Jim Barns com quem eu falava,
Tornada voz das ternuras misteriosas dentro de mim, das pequenas
[coisas de regaço de mãe e de fita de cabelo de irmã,
Mas estupendamente vinda de Além da aparência das coisas,
A Voz surda e remota tornada A Voz Absoluta, a Voz Sem Boca,
Vinda de sobre e de dentro da solidão noturna dos mares,
Chama por mim, chama por mim, chama por mim...

Vem surdamente, como se fosse suprimida e se ouvisse,
Longinquamente, como se estivesse soando noutro lugar e aqui
                                      [não se pudesse ouvir,
Com um soluço abafado, uma luz que se apaga, um hálito
                                      [silencioso,
De nenhum lado do espaço, de nenhum local no tempo,
O grito eterno e noturno, o sopro fundo e confuso:

Ahô-ô-ô-ô-ô-ô-ô-ô-ô-ô-ô-ô-ô — yyy......
Ahô-ô-ô-ô-ô-ô-ô-ô-ô-ô-ô-ô-ô-ô — yyy......
Schooner ahô-ô-ô-ô-ô-ô-ô-ô-ô-ô-ô-ô-ô-ô — yy......

Tremo com frio da alma repassando-me o corpo
E abro de repente os olhos, que não tinha fechado.
Ah, que alegria a de sair dos sonhos de vez!
Eis outra vez o mundo real, tão bondoso para os nervos!
Ei-lo a esta hora matutina em que entram os paquetes que
                                      [chegam cedo.

Já não me importa o paquete que entrava. Ainda está longe.
Só o que está perto agora me lava a alma.
A minha imaginação higiênica, forte, prática,
Preocupa-se agora apenas com as coisas modernas e úteis,
Com os navios de carga, com os paquetes e os passageiros,
Com as fortes coisas imediatas, modernas, comerciais, verdadeiras.
Abranda o seu giro dentro de mim o volante.

Maravilhosa vida marítima moderna,
Toda limpeza, máquinas e saúde!
Tudo tão bem-arranjado, tão espontaneamente ajustado,
Todas as peças das máquinas, todos os navios pelos mares,
Todos os elementos da atividade comercial de exportação e
                                      [importação
Tão maravilhosamente combinando-se

Que corre tudo como se fosse por leis naturais,
Nenhuma coisa esbarrando com outra!

Nada perdeu a poesia. E agora há a mais as máquinas
Com a sua poesia também, e todo o novo gênero de vida
Comercial, mundana, intelectual, sentimental,
Que a era das máquinas veio trazer para as almas.
As viagens agora são tão belas como eram dantes
E um navio será sempre belo, só porque é um navio.
Viajar ainda é viajar e o longe está sempre onde esteve —
Em parte nenhuma, graças a Deus!

Os portos cheios de vapores de muitas espécies!
Pequenos, grandes, de várias cores, com várias disposições de vigias,
De tão deliciosamente tantas companhias de navegação!
Vapores nos portos, tão individuais na separação destacada dos
[ancoramentos!
Tão prazenteiro o seu garbo quieto de cousas comerciais que
[andam no mar,
No velho mar sempre o homérico, ó Ulisses!

O olhar humanitário dos faróis na distância da noite,
Ou o súbito farol próximo na noite muito escura
("Que perto da terra que estávamos passando!" E o som da água
[canta-nos ao ouvido)!...
Tudo isto hoje é como sempre foi, mas há o comércio;
E o destino comercial dos grandes vapores
Envaidece-me da minha época!
A mistura de gente a bordo dos navios de passageiros
Dá-me o orgulho moderno de viver numa época onde é tão fácil
Misturarem-se as raças, transporem-se os espaços, ver com
[facilidade todas as coisas,
E gozar a vida realizando um grande número de sonhos.

Limpos, regulares, modernos como um escritório com *guichets*
                              [em redes de arame amarelo,
Meus sentimentos agora, naturais e comedidos como *gentlemen*,
São práticos, longe de desvairamentos, enchem de ar marítimo
                              [os pulmões,
Como gente perfeitamente consciente de como é higiênico
                              [respirar o ar do mar.
O dia é perfeitamente já de horas de trabalho.
Começa tudo a movimentar-se, a regularizar-se.
Com um grande prazer natural e direto percorro a alma
Todas as operações comerciais necessárias a um embarque de
                              [mercadorias.
A minha época é o carinho que levam todas as faturas,
E sinto que todas as cartas de todos os escritórios
Deviam ser endereçadas a mim.

Um conhecimento de bordo tem tanto individualidade,
E uma assinatura de comandante de navio é tão bela e moderna!
Rigor comercial do princípio e do fim das cartas:
Dear Sirs — *Messieurs* — Amigos e Srs.,
Yours faithfully — *...nos salutations empressées...*
Tudo isto não é só humano e limpo, mas também belo,
E tem ao fim um destino marítimo, um vapor onde embarquem
As mercadorias de que as cartas e as faturas tratam.

Complexidade da vida! As faturas são feitas por gente
Que tem amores, ódios, paixões políticas, às vezes crimes —
E são tão bem-escritas, tão alinhadas, tão independentes de tudo
                              [isso!
Há quem olhe para uma fatura e não sinta isto.
Com certeza que tu, Cesário Verde, o sentias.
Eu é até às lágrimas que o sinto humanissimamente.
Venham dizer-me que não há poesia no comércio, nos escritórios!
Ora, ela entra por todos os poros... Neste ar marítimo respiro-a,

Porque tudo isto vem a propósito dos vapores, da navegação
[moderna,
Porque as faturas e as cartas comerciais são o princípio da história
E os navios que levam as mercadorias pelo mar eterno são o fim.

Ah, e as viagens, as viagens de recreio, e as outras,
As viagens por mar, onde todos somos companheiros dos outros
Duma maneira especial, como se um mistério marítimo
Nos aproximasse as almas e nos tornasse um momento
Patriotas transitórios duma mesma pátria incerta,
Eternamente deslocando-se sobre a imensidade das águas!
Grandes hotéis do Infinito, oh transatlânticos meus!
Com o cosmopolitismo perfeito e total de nunca pararem num
[ponto
E conterem todas as espécies de trajes, de caras, de raças!

As viagens, os viajantes — tantas espécies deles!
Tanta nacionalidade sobre o mundo! tanta profissão! tanta gente!
Tanto destino diverso que se pode dar à vida,
À vida, afinal, no fundo sempre, sempre a mesma!
Tantas caras curiosas! Todas as caras são curiosas
E nada traz tanta religiosidade como olhar muito para gente.
A fraternidade afinal não é uma ideia revolucionária.
É uma coisa que a gente aprende pela vida afora, onde tem que
[tolerar tudo,
E passa a achar graça ao que tem que tolerar,
E acaba quase a chorar de ternura sobre o que tolerou!

Ah, tudo isto é belo, tudo isto é humano e anda ligado
Aos sentimentos humanos, tão conviventes e burgueses,
Tão complicadamente simples, tão metafisicamente tristes!
A vida flutuante, diversa, acaba por nos educar no humano.
Pobre gente! pobre gente toda a gente!

Despeço-me desta hora no corpo deste outro navio
Que vai agora saindo. É um *tramp-steamer* inglês,
Muito sujo, como se fosse um navio francês,
Com um ar simpático de proletário dos mares,
E sem dúvida anunciado ontem na última página das gazetas.

Enternece-me o pobre vapor, tão humilde vai ele e tão natural.
Parece ter um certo escrúpulo não sei em quê, ser pessoa honesta,
Cumpridora duma qualquer espécie de deveres.
Lá vai ele deixando o lugar defronte do cais onde estou.
Lá vai ele tranquilamente, passando por onde as naus estiveram
Outrora, outrora...
Para Cardiff? Para Liverpool? Para Londres? Não tem importância.
Ele faz o seu dever. Assim façamos nós o nosso. Bela vida!
Boa viagem! Boa viagem!
Boa viagem, meu pobre amigo casual, que me fizeste o favor
De levar contigo a febre e a tristeza dos meus sonhos,
E restituir-me à vida para olhar para ti e te ver passar.
Boa viagem! Boa viagem! A vida é isto...

Que aprumo tão natural, tão inevitavelmente matutino
Na tua saída do porto de Lisboa, hoje!
Tenho-te uma afeição curiosa e grata por isso...
Por isso quê? Sei lá o que é!...Vai!... Passa!...
Com um ligeiro estremecimento,
(T-t--t---t----t-----t...)
O volante dentro de mim para.

Passa, lento vapor, passa e não fiques...
Passa de mim, passa da minha vista,
Vai-te de dentro do meu coração,
Perde-te no Longe, no Longe, bruma de Deus,
Perde-te, segue o teu destino e deixa-me...
Eu quem sou para que chore e interrogue?

Eu quem sou para que te fale e te ame?
Eu quem sou para que me perturbe ver-te?
Larga do cais, cresce o sol, ergue-se ouro,
Luzem os telhados dos edifícios do cais,
Todo o lado de cá da cidade brilha...
Parte, deixa-me, torna-te
Primeiro o navio a meio do rio, destacado e nítido,
Depois o navio a caminho da barra, pequeno e preto,
Depois ponto vago no horizonte (ó minha angústia!),
Ponto cada vez mais vago no horizonte...,
Nada depois, e só eu e a minha tristeza,
E a grande cidade agora cheia de sol
E a hora real e nua como um cais já sem navios,
E o giro lento do guindaste que, como um compasso que gira,
Traça um semicírculo de não sei que emoção
No silêncio comovido da minh'alma...

(1915?)

PASSAGEM DAS HORAS

Trago dentro do meu coração
Como num cofre que se não pode fechar de cheio,
Todos os lugares onde estive,
Todos os portos a que cheguei,
Todas as paisagens que vi através de janelas ou vigias,
Ou de tombadilhos, sonhando,
E tudo isso, que é tanto, é pouco para o que eu quero.

A entrada de Singapura, manhã subindo, cor verde,
O coral das Maldivas em passagem cálida,
Macau à uma hora da noite... Acordo de repente...

Yat-lô-ô-ô-ô-ô-ô-ô-ô-ô... Ghi-...
E aquilo soa-me do fundo de uma outra realidade...
A estatura norte-africana quase de Zanzibar ao sol...
Dar-es-Salaam (a saída é difícil)...
Majunga, Nossi-Bé, verduras de Madagascar...
Tempestades em torno ao Guardafui...
E o Cabo da Boa Esperança nítido ao sol da madrugada...
E a Cidade do Cabo com a Montanha da Mesa ao fundo...

Viajei por mais terras do que aquelas em que toquei...
Vi mais paisagens do que aquelas em que pus os olhos...
Experimentei mais sensações do que todas as sensações que senti,
Porque, por mais que sentisse, sempre me faltou que sentir
E a vida sempre me doeu, sempre foi pouco, e eu infeliz.

A certos momentos do dia recordo tudo isto e apavoro-me,
Penso em que é que me ficará desta vida aos bocados, deste auge,
Desta estrada às curvas, deste automóvel à beira da estrada, deste aviso,
Desta turbulência tranquila de sensações desencontradas,
Desta transfusão, desta insubsistência, desta convergência iriada,
Deste desassossego no fundo de todos os cálices,
Desta angústia no fundo de todos os prazeres,
Desta saciedade antecipada na asa de todas as chávenas,
Deste jogo de cartas fastiento entre o Cabo da Boa Esperança
[e as Canárias.

Não sei se a vida é pouco ou demais para mim.
Não sei se sinto de mais ou de menos, não sei
Se me falta escrúpulo espiritual, ponto de apoio na inteligência,
Consanguinidade com o mistério das coisas, choque
Aos contatos, sangue sob golpes, estremeção aos ruídos,
Ou se há outra significação para isto mais cômoda e feliz.

Seja o que for, era melhor não ter nascido,
Porque, de tão interessante que é a todos os momentos,

A vida chega a doer, a enjoar, a cortar, a roçar, a ranger,
A dar vontade de dar gritos, de dar pulos, de ficar no chão, de sair
Para fora de todas as casas, de todas as lógicas e de todas as sacadas,
E ir ser selvagem para a morte entre árvores e esquecimentos,
Entre tombos, e perigos e ausência de amanhãs,
E tudo isto devia ser qualquer outra coisa mais parecida com
[o que eu penso,
Com o que eu penso ou sinto, que eu nem sei qual é, ó vida.

Cruzo os braços sobre a mesa, ponho a cabeça sobre os braços,
É preciso querer chorar, mas não sei ir buscar as lágrimas...
Por mais que me esforce por ter uma grande pena de mim, não
[choro,
Tenho a alma rachada sob o indicador curvo que lhe toca...
Que há de ser de mim? Que há de ser de mim?

Correram o bobo a chicote do palácio, sem razão,
Fizeram o mendigo levantar-se do degrau onde caíra.
Bateram na criança abandonada e tiraram-lhe o pão das mãos.
Oh, mágoa imensa do mundo, o que falta é agir...
Tão decadente, tão decadente, tão decadente...
Só estou bem quando ouço música, e nem então.
Jardins do século dezoito antes de 89,
Onde estais vós, que eu quero chorar de qualquer maneira?
Como um bálsamo que não consola senão pela ideia de que é
[um bálsamo,
A tarde de hoje e de todos os dias pouco a pouco, monótona, cai.

Acenderam as luzes, cai a noite, a vida substitui-se,
Seja de que maneira for, é preciso continuar a viver.
Arde-me a alma como se fosse uma mão, fisicamente.
Estou no caminho de todos e esbarram comigo.
Minha quinta na província,

Haver menos que um comboio, uma diligência e a decisão de
[partir entre mim e ti.
Assim, fico, fico... Eu sou o que sempre quer partir,
E fica sempre, fica sempre, fica sempre,
Até à morte fica, mesmo que parta, fica, fica, fica...

Torna-me humano, ó noite, torna-me fraterno e solícito.
Só humanitariamente é que se pode viver.
Só amando os homens, as ações, a banalidade dos trabalhos,
Só assim — ai de mim! —, só assim se pode viver.
Só assim, ó noite, e eu nunca poderei ser assim!

Vi todas as coisas, e maravilhei-me de tudo,
Mas tudo ou sobrou ou foi pouco — não sei qual — e eu sofri.
Vivi todas as emoções, todos os pensamentos, todos os gestos,
E fiquei tão triste como se tivesse querido vivê-los e não conseguisse,
Amei e odiei como toda gente,
Mas para toda a gente isso foi normal e instintivo,
E para mim foi sempre a exceção, o choque, a válvula, o espasmo.
Vem, ó noite, e apaga-me, vem e afoga-me em ti.
Ó carinhosa do Além, senhora do luto infinito,
Mágoa externa da Terra, choro silencioso do Mundo.
Mãe suave e antiga das emoções sem gesto,
Irmã mais velha, virgem e triste, das ideias sem nexo,
Noiva esperando sempre os nossos propósitos incompletos,
A direção constantemente abandonada do nosso destino,
A nossa incerteza pagã sem alegria,
A nossa fraqueza cristã sem fé,
O nosso budismo inerte, sem amor pelas coisas nem êxtases,
A nossa febre, a nossa palidez, a nossa impaciência de fracos,
A nossa vida, ó mãe, a nossa perdida vida...

Não sei sentir, não sei ser humano, conviver
De dentro da alma triste com os homens meus irmãos na terra.

Não sei ser útil mesmo sentindo, ser prático, ser quotidiano, nítido,
Ter um lugar na vida, ter um destino entre os homens,
Ter uma obra, uma força, uma vontade, uma horta,
Uma razão para descansar, uma necessidade de me distrair,
Uma coisa vinda diretamente da natureza para mim.

Por isso sê para mim materna, ó noite tranquila...
Tu, que tiras o mundo ao mundo, tu que és a paz,
Tu que não existes, que és só a ausência da luz,
Tu que não és uma coisa, um lugar, uma essência, uma vida,
Penélope da teia, amanhã desfeita, da tua escuridão,
Circe irreal dos febris, dos angustiados sem causa,
Vem para mim, ó noite, estende para mim as mãos,
E sê frescor e alívio, ó noite, sobre a minha fronte...

Tu, cuja vinda é tão suave que parece um afastamento,
Cujo fluxo e refluxo de treva, quando a lua bafeja,
Tem ondas de carinho morto, frio de mares de sonho,
Brisas de paisagens supostas para a nossa angústia excessiva...
Tu, palidamente, tu flébil, tu, liquidamente,
Aroma de morte entre flores, hálito de febre sobre margens,
Tu, rainha, tu, castelã, tu, dona pálida, vem...

Sentir tudo de todas as maneiras,
Viver tudo de todos os lados,
Ser a mesma coisa de todos os modos possíveis ao mesmo tempo,
Realizar em si toda a humanidade de todos os momentos
Num só momento difuso, profuso, completo e longínquo.

Eu quero ser sempre aquilo com quem simpatizo,
Eu torno-me sempre, mais tarde ou mais cedo,
Aquilo com quem simpatizo, seja uma pedra ou uma ânsia,
Seja uma flor ou uma ideia abstrata,
Seja uma multidão ou um modo de compreender Deus.

E eu simpatizo com tudo, vivo de tudo em tudo.
São-me simpáticos os homens superiores porque são superiores,
E são-me simpáticos os homens inferiores porque são superiores
[também,
Porque ser inferior é diferente de ser superior,
E por isso é uma superioridade a certos momentos de visão.
Simpatizo com alguns homens pelas suas qualidades de caráter,
E simpatizo com outros pela sua falta dessas qualidades,
E com outros ainda simpatizo por simpatizar com eles,
E há momentos absolutamente orgânicos em que esses são
[todos os homens,
Sim, como sou rei absoluto na minha simpatia,
Basta que ela exista para que tenha razão de ser.
Estreito ao meu peito arfante, num abraço comovido,
(No mesmo abraço comovido)
O homem que dá a camisa ao pobre que desconhece,
O soldado que morre pela pátria sem saber o que é pátria,
E o matricida, o fratricida, o incestuoso, o violador de crianças,
O ladrão de estradas, o salteador dos mares,
O gatuno de carteiras, a sombra que espera nas vielas —
Todos são a minha amante predileta pelo menos um momento na vida.
Beijo na boca todas as prostitutas,
Beijo sobre os olhos todos os *souteneurs*,
A minha passividade jaz aos pés de todos os assassinos,
E a minha capa à espanhola esconde a retirada a todos os ladrões.
Tudo é a razão de ser da minha vida.
Cometi todos os crimes
Vivi dentro de todos os crimes
(Eu próprio fui, não um nem o outro no vício,
Mas o próprio vício-pessoa praticado entre eles,
E dessas são as horas mais arco de triunfo da minha vida).

Multipliquei-me, para me sentir
Para me sentir, precisei sentir tudo,

Transbordei, não fiz senão extravasar-me,
Despi-me, entreguei-me,
E há em cada canto da minha alma um altar a um deus diferente.

Os braços de todos os atletas apertaram-me subitamente feminino,
E eu só de pensar nisso desmaiei entre músculos supostos.

Foram dados na minha boca os beijos de todos os encontros,
Acenaram no meu coração os lenços de todas as despedidas,
Todos os chamamentos obscenos de gesto e olhares
Batem-me em cheio em todo o corpo com sede nos centros sexuais.
Fui todos os ascetas, todos os postos de parte, todos os como que
                                                        [esquecidos,
E todos os pederastas — absolutamente todos (não faltou nenhum).
Rendez-vous a vermelho e negro no fundo-inferno da [minha alma!

(Freddie, eu chamava-te Baby, porque tu eras louro, branco e eu
                                                        [amava-te,
Quantas imperatrizes por reinar e princesas destronadas tu foste
                                                        [para mim!)
Mary, com quem eu lia Burns em dias tristes como sentir-se viver,
Mary, mal tu sabes quantos casais honestos, quantas famílias felizes,
Viveram em ti os meus olhos e o meu braço cingido e a minha
                                                    [consciência incerta,
A sua vida pacata, as suas casas suburbanas com jardim, os seus
                                                  [*half-holidays* inesperados...
Mary, eu sou infeliz...
Freddie, eu sou infeliz...
Oh, vós todos, todos vós, casuais, demorados,
Quantas vezes tereis pensado em pensar em mim, sem que
                                                        [o fizésseis,
Ah, quão pouco eu fui no que sois, quão pouco, quão pouco —
Sim, e o que tenho eu sido, ó meu subjetivo universo,
Ó meu sol, meu luar, minhas estrelas, meu momento,

Ó parte externa de mim perdida em labirintos de Deus!
Passa tudo, todas as coisas num desfile por mim dentro,
E todas as cidades do mundo, rumorejam-se dentro de mim...

Meu coração tribunal, meu coração mercado, meu coração sala da
Bolsa, meu coração balcão de Banco,
Meu coração *rendez-vous* de toda a humanidade,
Meu coração banco de jardim público, hospedaria, estalagem,
                            [calabouço número qualquer cousa
(*Aqui estuvo el Manolo en vísperas de ir al patíbulo*)
Meu coração clube, sala, plateia, capacho, *guichet*, portaló,
Ponte, cancela, excursão, marcha, viagem, leilão, feira, arraial,
Meu coração postigo,
Meu coração encomenda.
Meu coração carta, bagagem, satisfação, entrega,
Meu coração a margem, o limite, a súmula, o índice,
Eh-lá, eh-lá, eh-lá, bazar o meu coração.

Todos os amantes beijaram-se na minh'alma,
Todos os vadios dormiram um momento em cima de mim,
Todos os desprezados encostaram-se um momento ao meu ombro,
Atravessaram a rua, ao meu braço, todos os velhos e os doentes,
E houve um segredo que me disseram todos os assassinos.

(Aquela cujo sorriso sugere a paz que eu não tenho,
Em cujo baixar de olhos há uma paisagem da Holanda,
Com as cabeças femininas *coiffées de lin*
E todo o esforço quotidiano de um povo pacífico e limpo...
Aquela que é o anel deixado em cima da cômoda,
E a fita entalada com o fechar da gaveta,
Fita cor-de-rosa, não gosto da cor, mas da fita entalada,
Assim como não gosto da vida, mas gosto de senti-la...

Dormir como um cão corrido no caminho, ao sol
Definitivamente para todo o resto do Universo,
E que os carros me passem por cima.)

Fui para a cama com todos os sentimentos,
Fui *souteneur* de todas as emoções,
Pagaram-me bebidas todos os acasos das sensações,
Troquei olhares com todos os motivos de agir,
Estive mão em mão com todos os impulsos para partir,
Febre imensa das horas!
Angústia da forja das emoções!

Raiva, espuma, a imensidão que não cabe no meu lenço,
A cadela a uivar de noite,
O tanque da quinta a passear à roda da minha insônia,
O bosque como foi à tarde, quando lá passeamos, a rosa,
A madeixa indiferente, o musgo, os pinheiros,
Toda a raiva de não conter isto tudo, de não deter isto tudo,
Ó fome abstrata das coisas, cio impotente dos momentos,
Orgia intelectual de sentir a vida!
Obter tudo por suficiência divina —
As vésperas, os consentimentos, os avisos,
As cousas belas da vida —
O talento, a virtude, a impunidade,
A tendência para acompanhar os outros a casa.
A situação de passageiro,
A conveniência em embarcar já para ter lugar,
E falta sempre uma coisa, um copo, uma brisa, uma frase,
E a vida dói quanto mais se goza e quanto mais se inventa.

Poder rir, rir, rir despejadamente,
Rir como um copo entornado,
Absolutamente doido só por sentir,
Absolutamente roto por me roçar contra as coisas,

Ferido na boca por morder coisas,
Com as unhas em sangue por me agarrar a coisas,
E depois deem-me a cela que quiserem que eu me lembrarei
[da vida.

Sentir tudo de todas as maneiras,
Ter todas as opiniões,
Ser sincero contradizendo-se a cada minuto,
Desagradar a si próprio pela plena liberalidade de espírito,
E amar as coisas como Deus.

Eu, que sou mais irmão de uma árvore que de um operário.
Eu, que sinto mais a dor suposta do mar ao bater na praia
Que a dor real das crianças em que batem
(Ah, como isto deve ser falso, pobres crianças em quem batem —
E por que é que as minhas sensações se revezam tão depressa?)
Eu, enfim, que sou um diálogo contínuo,
Um falar-alto incompreensível, alta-noite na torre,
Quando os sinos oscilam vagamente sem que mão lhes toque
E faz pena saber que há vida que viver amanhã.
Eu, enfim, literalmente eu,
E eu metaforicamente também,
Eu, o poeta sensacionista, enviado do Acaso
Às leis irrepreensíveis da Vida,
Eu, o fumador de cigarros por profissão adequada,
O indivíduo que fuma ópio, que toma absinto, mas que, enfim,
Prefere pensar em fumar ópio a fumá-lo
E acha mais seu olhar para o absinto a beber que bebê-lo...
Eu, este degenerado superior sem arquivos na alma,
Sem personalidade com valor declarado,
Eu, o investigador solene das coisas fúteis,
Que era capaz de ir viver na Sibéria só por embirrar com isso,
E que acho que não faz mal não ligar importância à pátria

Porque não tenho raiz, como uma árvore, e portanto não
[tenho raiz...
Eu, que tantas vezes me sinto tão real como uma metáfora,
Como uma frase escrita por um doente no livro da rapariga que
[encontrou no terraço,
Ou uma partida de xadrez no convés dum transatlântico,
Eu, a ama que empurra os *perambulators* em todos os jardins
[públicos,
Eu, o polícia que a olha, parado para trás na álea,
Eu, a criança no carro, que acena à sua inconsciência lúcida com
[um coral com guizos.
Eu, a paisagem por detrás disto tudo, a paz citadina
Coada através das árvores do jardim público,
Eu, o que os espera a todos em casa,
Eu, o que eles encontram na rua,
Eu, o que eles não sabem de si próprios,
Eu, aquela coisa em que estás pensando e te marca esse sorriso,
Eu, o contraditório, o fictício, o aranzel, a espuma,
O cartaz posto agora, as ancas da francesa, o olhar do padre,
O largo onde se encontram as suas ruas e os *chauffeurs* dormem
[contra os carros.
A cicatriz do sargento mal-encarado,
O sebo na gola do explicador doente que volta para casa,
A chávena que era por onde o pequenito que morreu bebia
[sempre,
E tem uma falha na asa (e tudo isto cabe num coração de mãe
[e enche-o)...
Eu, o ditado de francês da pequenita que mexe nas ligas,
Eu, os pés que se tocam por baixo do *bridge* sob o lustre,
Eu, a carta escondida, o calor do lenço, a sacada com a janela
[entreaberta,
O portão de serviço onde a criada fala com os desejos do primo,
O sacana do José que prometeu vir e não veio
E a gente tinha uma partida para lhe fazer...

E, tudo isto, e além disto o resto do mundo...
Tanta coisa, as portas que se abrem e a razão por que elas se abrem,
E as coisas que já fizeram as mãos que abrem as portas...
Eu, a infelicidade — nata de todas as expressões,
A impossibilidade de exprimir todos os sentimentos,
Sem que haja uma lápida no cemitério para o irmão de tudo isto,
E o que parece não querer dizer nada sempre quer dizer qualquer
[cousa...

Sim, eu, o engenheiro naval que sou supersticioso como uma
[camponesa madrinha,
E uso monóculo para não aparecer igual à ideia real que faço
[de mim,
Que levo às vezes três horas a vestir-me e nem por isso acho
[isso natural,
Mas acho-o metafísico e se me batem à porta zango-me,
Não tanto por me interromperem a gravata como por ficar
[sabendo que há a vida...
Sim, enfim, eu o destinatário das cartas lacradas,
O baú das iniciais gastas,
A entonação das vozes que nunca ouviremos mais —
Deus guarda isso tudo no Mistério, e às vezes sentimo-lo
E a vida pesa de repente e faz muito frio mais perto que o corpo.
A Brígida prima da minha tia,
O general em que elas falavam — general quando elas eram
[pequenas,
E a vida era guerra civil a todas as esquinas...
Vive le mélodrame où Margot a pleuré!
Caem as folhas secas no chão irregularmente,
Mas o fato é que sempre é outono no outono,
E o inverno vem depois fatalmente,
E há só um caminho para a vida, que é a vida...

Esse velho insignificante, mas que ainda conheceu os românticos,
Esse opúsculo político do tempo das revoluções constitucionais,
E a dor que tudo isso deixa, sem que se saiba a razão
Nem haja para chorar tudo mais razão que senti-lo.

Viro todos os dias as esquinas de todas as ruas,
E sempre que estou pensando numa coisa, estou pensando noutra.
Não me subordino senão por atavismo,
E há sempre razões para emigrar para quem não está de cama.

Das *terrasses* de todos os cafés de todas as cidades
Acessíveis à imaginação
Reparo para a vida que passa, sigo-a sem me mexer,
Pertenço-lhe sem tirar um gesto da algibeira,
Nem tomar nota do que vi para depois fingir que o vi.

No automóvel amarelo a mulher definitiva de alguém passa,
Vou ao lado dela sem ela saber.
No *trottoir* imediato eles encontram-se por um acaso combinado,
Mas antes de o encontro deles lá estar já eu estava com eles lá.

Não há maneira de se esquivarem a encontrar-me, não há modo
 [de eu não estar em toda a parte.
O meu privilégio é tudo
(*Brevetée, Sans Garantie de Dieu*, a minh'Alma)

Assisto a tudo e definitivamente.
Não há joia para mulher que não seja comprada por mim e para mim,
Não há intenção de estar esperando que não seja minha de
 [qualquer maneira,
Não há resultado de conversa que não seja meu por acaso,
Não há toque de sino em Lisboa há trinta anos, noite de S. Carlos
 [há cinquenta
Que não seja para mim por uma galantaria deposta.

Fui educado pela Imaginação,
Viajei pela mão dela sempre,
Amei, odiei, falei, pensei sempre por isso,
E todos os dias têm essa janela por diante,
E todas as horas parecem minhas dessa maneira.

Cavalgada explosiva, explodida, como uma bomba que rebenta,
Cavalgada rebentando para todos os lados ao mesmo tempo,
Cavalgada por cima do espaço, salto por cima do tempo,
Galga, cavalo eléctron-íon, sistema solar resumido
Por dentro da ação dos êmbolos, por fora do giro dos volantes.
Dentro dos êmbolos, tornado velocidade abstrata e louca,
Ajo a ferro e velocidade, vaivém, loucura, raiva contida,
Atado ao rasto de todos os volantes giro assombrosas horas,
E todo o universo range, estraleja e estropia-se em mim.

Ho-ho-ho-ho-ho!...
Cada vez mais depressa, cada vez mais com o espírito adiante
                                                             [do corpo
Adiante da própria ideia veloz do corpo projetado,
Com o espírito atrás adiante do corpo, sombra, chispa,
He-la-ho-ho... Helahoho...

Toda a energia é a mesma e toda a natureza é o mesmo...
A seiva da seiva das árvores é a mesma energia que mexe
As rodas da locomotiva, as rodas do elétrico, os volantes dos Diesel,
E um carro puxado a mulas ou a gasolina é puxado pela mesma coisa.
Raiva panteísta de sentir em mim formidandamente,
Com todos os meus sentidos em ebulição, com todos os meus
                                                       [poros em fumo
Que tudo é uma só velocidade, uma só energia, uma só divina
                                                               [linha
De si para si, parada a ciciar violências de velocidade louca...
                                                                            [Ho----

Ave, salve, viva a unidade veloz de tudo!
Ave, salve, viva a igualdade de tudo em seta!
Ave, salve, viva a grande máquina universo!
Ave, que sois o mesmo, árvores, máquinas, leis!
Ave, que sois o mesmo, vermes, êmbolos, ideias abstratas,
A mesma seiva vos enche, a mesma seiva vos torna,
A mesma coisa sois, e o resto é por fora e falso,
O resto, o estático resto que fica nos olhos que param,
Mas não nos meus nervos motor de explosão a óleos pesados
                                                                 [ou leves,
Não nos meus nervos todas as máquinas, todos os sistemas
                                                                 [de engrenagem,
Nos meus nervos locomotiva, carro elétrico, automóvel,
                                                               [debulhadora a vapor,
Nos meus nervos máquina marítima, Diesel, semi-Diesel,
                                                                         [Campbell,
Nos meus nervos instalação absoluta a vapor, a gás, a óleo e a
                                                                  [eletricidade,
Máquina universal movida por correias de todos os momentos!

Todas as madrugadas são a madrugada e a vida.
Todas as auroras raiam no mesmo lugar:
Infinito...
Todas as alegrias de ave vêm da mesma garganta,
Todos os estremecimentos de folhas são da mesma árvore,
E todos os que se levantam cedo para ir trabalhar
Vão da mesma casa para a mesma fábrica por o mesmo caminho...

Rola, bola grande, formigueiro de consciências, terra,
Rola, auroreada, entardecida, a prumo sob sóis, noturna,
Rola no espaço abstrato, na noite mal-iluminada realmente
Rola...

Sinto na minha cabeça a velocidade de giro da terra,
E todos os países e todas as pessoas giram dentro de mim,
Centrífuga ânsia, raiva de ir por os ares até aos astros
Bate pancadas de encontro ao interior do meu crânio,
Põe-me alfinetes vendados por toda a consciência do meu corpo,
Faz-me levantar-me mil vezes e dirigir-me para Abstrato,
Para inencontrável, ali sem restrições nenhumas,
A Meta invisível — todos os pontos onde eu não estou — e ao
[mesmo tempo...

Ah, não estar parado nem a andar,
Não estar deitado nem de pé,
Nem acordado nem a dormir,
Nem aqui nem noutro ponto qualquer,
Resolver a equação desta inquietação prolixa,
Saber onde estar para poder estar em toda a parte,
Saber onde deitar-me para estar passeando por todas as ruas...

Ho-ho-ho-ho-ho-ho-ho

Cavalgada alada de mim por cima de todas as coisas,
Cavalgada estalada de mim por baixo de todas as coisas,
Cavalgada alada e estalada de mim por causa de todas as coisas...

Hup-la por cima das árvores, hup-la por baixo dos tanques,
Hup-la contra as paredes, hup-la raspando nos troncos,
Hup-la no ar, hup-la no vento, hup-la, hup-la nas praias,
Numa velocidade crescente, insistente, violenta,
Hup-la hup-la hup-la hup-la...

Cavalgada panteísta de mim por dentro de todas as coisas,
Cavalgada energética por dentro de todas as energias,
Cavalgada de mim por dentro do carvão que se queima, da
[lâmpada que arde,

Clarim claro da manhã ao fundo
Do semicírculo frio do horizonte,
Tênue clarim longínquo como bandeiras incertas
Desfraldadas para além de onde as cores são visíveis...
Clarim trêmulo, poeira parada, onde a noite cessa,
Poeira de ouro parada no fundo da visibilidade...

Carro que chia limpidamente, vapor que apita,
Guindaste que começa a girar no meu ouvido,
Tosse seca, nova do que sai de casa,
Leve arrepio matutino na alegria de viver,
Gargalhada súbita velada pela bruma exterior não sei como,
Costureira fadada para pior que a manhã que sente,
Operário tísico desfeito para feliz nesta hora
Inevitavelmente vital,
Em que o relevo das coisas é suave, certo e simpático,
Em que os muros são frescos ao contato da mão, e as casas
Abrem aqui e ali os olhos cortinados a branco...

Toda a madrugada é uma colina que oscila,
....e caminha tudo

Para a hora cheia de luz em que as lojas baixam as pálpebras
E rumor tráfego carroça comboio eu sinto sol estruge

Vertigem do meio-dia emoldurada a vertigens —
Sol dos vértices e nos... da minha visão estriada,
Do rodopio parado da minha retentiva seca.
Do abrumado clarão fixo da minha consciência de viver.

Rumor tráfego carroça comboio carros eu sinto sol rua,
Aros caixotes *trolley* loja rua vitrines saia olhos
Rapidamente calhas carroças caixotes rua atravessar rua.
Passeio lojistas "perdão" rua

Rua a passear por mim a passear pela rua por mim
Tudo espelhos as lojas de cá dentro das lojas de lá
A velocidade dos carros ao contrário nos espelhos oblíquos das
[montras,
O chão no ar o sol por baixo dos pés rua regas flores no cesto rua
O meu passado rua estremece *camion* rua não me recordo rua.

Eu de cabeça pra baixo no centro da minha consciência de mim
Rua sem poder encontrar uma sensação só de cada vez rua
Rua pra trás e pra diante debaixo dos meus pés
Rua em X em Y em Z por dentro dos meus braços
Rua pelo meu monóculo em círculos de cinematógrafo pequeno,
Caleidoscópio em curvas iriadas nítidas rua.
Bebedeira da rua e de sentir ver ouvir tudo ao mesmo tempo.
Bater das fontes de estar vindo para cá ao mesmo tempo que vou
[para lá.
Comboio parte-te de encontro ao resguardo da linha de desvio!
Vapor navega direito ao cais e racha-te contra ele!
Automóvel guiado pela loucura de todo o universo precipita-te
Por todos os precipícios abaixo
E choca-te, trz!, esfrangalha-te no fundo do meu coração!

À moi, todos os objetos projéteis!
À moi, todos os objetos direções!
À moi, todos os objetos invisíveis de velozes!
Batam-me, trespassem-me, ultrapassem-me!
Sou eu que me bato, que me trespasso, que me ultrapasso!
A raiva de todos os ímpetos fecha em círculo-mim!

Hela-hoho comboio, automóvel, aeroplano minhas ânsias,
Velocidade entra por todas as ideias dentro,
Choca de encontro a todos os sonhos e parte-os,
Chamusca todos os ideais humanitários e úteis,
Atropela todos os sentimentos normais, decentes, concordantes,

Colhe no giro do teu volante vertiginoso e pesado
Os corpos de todas as filosofias, os tropos de todos os poemas,
Esfrangalha-os e fica só tu, volante abstrato nos ares,
Senhor supremo da hora europeia, metálico cio.
Vamos, que a cavalgada não tenha fim nem em Deus!
....
....
....
....

Dói-me a imaginação não sei como, mas é ela que dói,
Declina dentro de mim o sol no alto do céu.
Começa a tender a entardecer no azul e nos meus nervos.
Vamos ó cavalgada, quem mais me consegues tornar?
Eu que, veloz, voraz, comilão da energia abstrata,
Queria comer, beber, esfolar e arranhar o mundo,
Eu, que só me contentaria com calcar o universo aos pés,
Calcar, calcar, calcar até não sentir...
Eu, sinto que ficou fora do que imaginei tudo o que quis,
Que embora eu quisesse tudo, tudo me faltou.

Cavalgada desmantelada por cima de todos os cimos,
Cavalgada desarticulada por baixo de todos os poços,
Cavalgada voo, cavalgada seta, cavalgada pensamento-relâmpago,
Cavalgada eu, cavalgada eu, cavalgada o universo — eu.
Helahoho-o-o-o-o-o-o-o...

Meu ser elástico, mola, agulha, trepidação...

22-5-1916

SONETO JÁ ANTIGO

Olha, Daisy: quando eu morrer tu hás de
dizer aos meus amigos aí de Londres,
embora não o sintas, que tu escondes
a grande dor da minha morte. Irás de

Londres p'ra Iorque, onde nasceste (dizes...
que eu nada que tu digas acredito),
contar àquele pobre rapazito
que me deu tantas horas tão felizes.

Embora não o saibas, que morri...
mesmo ele, a quem eu tanto julguei amar,
nada se importará... Depois vai dar

a notícia a essa estranha Cecily
que acreditava que eu seria grande ...
Raios partam a vida e quem lá ande!

12-1922

LISBON REVISITED
(1923)

Não: não quero nada,
Já disse que não quero nada.

Não me venham com conclusões!
A única conclusão é morrer.

Não me tragam estéticas!
Não me falem em moral!

Tirem-me daqui a metafísica!
Não me apregoem sistemas completos, não me enfileirem
[conquistas
Das ciências (das ciências, Deus meu, das ciências!) —
Das ciências, das artes, da civilização moderna!

Que mal fiz eu aos deuses todos?

Se tem a verdade, guardem-na!

Sou um técnico, mas tenho técnica só dentro da técnica.
Fora disso sou doido, com todo o direito de sê-lo.
Com todo o direito a sê-lo, ouviram?

Não me macem, por amor de Deus!

Queriam-me casado, fútil, quotidiano e tributável?
Queriam-me o contrário disto, o contrário de qualquer coisa?
Se eu fosse outra pessoa, fazia-lhes, a todos, a vontade.
Assim, como sou, tenham paciência!
Vão para o diabo sem mim,
Ou deixem-me ir sozinho para o diabo!
Para que havermos de ir juntos?

Não me peguem no braço!
Não gosto que me peguem no braço. Quero ser sozinho.
Já disse que sou sozinho!
Ah, que maçada quererem que eu seja da companhia!

Ó céu azul — o mesmo da minha infância —
Eterna verdade vazia e perfeita!
Ó macio Tejo ancestral e mudo,
Pequena verdade onde o céu se reflete!
Ó mágoa revisitada, Lisboa de outrora de hoje!
Nada me dais, nada me tirais, nada sois que eu me sinta.

Deixem-me em paz! Não tardo, que eu nunca tardo...
E enquanto tarda o Abismo e o Silêncio quero estar sozinho!

1923

TABACARIA

Não sou nada.
Nunca serei nada.
Não posso querer ser nada.
À parte isso, tenho em mim todos os sonhos do mundo.

Janelas do meu quarto,
Do meu quarto de um dos milhões do mundo que ninguém
[sabe quem é
(E se soubessem quem é, o que saberiam?),
Dais para o mistério de uma rua cruzada constantemente por
[gente,
Para uma rua inacessível a todos os pensamentos,
Real, impossivelmente real, certa, desconhecidamente certa,
Com o mistério das coisas por baixo das pedras e dos seres,
Com a morte a pôr umidade nas paredes e cabelos brancos nos
[homens,
Com o Destino a conduzir a carroça de tudo pela estrada de nada.

Estou hoje vencido, como se soubesse a verdade.
Estou hoje lúcido, como se estivesse para morrer,
E não tivesse mais irmandade com as coisas
Senão uma despedida, tornando-se esta casa e este lado da rua
A fileira de carruagens de um comboio, e uma partida apitada
De dentro da minha cabeça,
E uma sacudidela dos meus nervos e um ranger de ossos na ida.

Estou hoje perplexo, como quem pensou e achou e esqueceu.
Estou hoje dividido entre a lealdade que devo
À Tabacaria do outro lado da rua, como coisa real por fora,
E à sensação de que tudo é sonho, como coisa real por dentro.

Falhei em tudo.
Como não fiz propósito nenhum, talvez tudo fosse nada.
A aprendizagem que me deram,
Desci dela pela janela das traseiras da casa.
Fui até ao campo com grandes propósitos.
Mas lá encontrei só ervas e árvores,
E quando havia gente era igual à outra.
Saio da janela, sento-me numa cadeira. Em que hei de pensar?

Que sei eu do que serei, eu que não sei o que sou?
Ser o que penso? Mas penso ser tanta coisa!
E há tantos que pensam ser a mesma coisa que não pode haver
[tantos!
Gênio? Neste momento
Cem mil cérebros se concebem em sonho gênios como eu,
E a história não marcará, quem sabe?, nem um,
Nem haverá senão estrume de tantas conquistas futuras.
Não, não creio em mim.
Em todos os manicômios há doidos malucos com tantas certezas!
Eu, que não tenho nenhuma certeza, sou mais certo ou menos
[certo?
Não, nem em mim...
Em quantas mansardas e não mansardas do mundo
Não estão nesta hora gênios-para-si-mesmos sonhando?
Quantas aspirações altas e nobres e lúcidas —
Sim, verdadeiramente altas e nobres e lúcidas —,
E quem sabe se realizáveis,
Nunca verão a luz do sol real nem acharão ouvidos de gente?
O mundo é para quem nasce para o conquistar

E não para quem sonha que pode conquistá-lo, ainda que tenha
[razão.
Tenho sonhado mais que o que Napoleão fez.
Tenho apertado ao peito hipotético mais humanidades do que Cristo.
Tenho feito filosofias em segredo que nenhum Kant escreveu.
Mas sou, e talvez serei sempre, o da mansarda,
Ainda que não more nela;
Serei sempre *o que não nasceu para isso*;
Serei sempre só *o que tinha qualidades*;
Serei sempre o que esperou que lhe abrissem a porta ao pé de uma
[parede sem porta,
E cantou a cantiga do Infinito numa capoeira,
E ouviu a voz de Deus num poço tapado.
Crer em mim? Não, nem em nada.
Derrame-me a Natureza sobre a cabeça ardente
O seu sol, a sua chuva, o vento que me acha o cabelo,
E o resto que venha se vier, ou tiver que vir, ou não venha.
Escravos cardíacos das estrelas,
Conquistamos todo o mundo antes de nos levantar da cama;
Mas acordamos e ele é opaco,
Levantamo-nos e ele é alheio,
Saímos de casa e ele é a terra inteira,
Mais o sistema solar e a Via Láctea e o Indefinido.

(Come chocolates, pequena;
Come chocolates!
Olha que não há mais metafísica no mundo senão chocolates.
Olha que as religiões todas não ensinam mais que a confeitaria.
Come, pequena suja, come!
Pudesse eu comer chocolates com a mesma verdade com que
[comes!
Mas eu penso e, ao tirar o papel de prata, que é de folha de
[estanho,
Deito tudo para o chão, como tenho deitado a vida.)

Mas ao menos fica da amargura do que nunca serei
A caligrafia rápida destes versos,
Pórtico partido para o Impossível.
Mas ao menos consagro a mim mesmo um desprezo sem lágrimas,
Nobre ao menos no gesto largo com que atiro
A roupa suja que sou, sem rol, pra o decurso das coisas,
E fico em casa sem camisa.

(Tu, que consolas, que não existes e por isso consolas,
Ou deusa grega, concebida como estátua que fosse viva,
Ou patrícia romana, impossivelmente nobre e nefasta,
Ou princesa de trovadores, gentilíssima e colorida,
Ou marquesa do século dezoito, decotada e longínqua,
Ou cocote célebre do tempo dos nossos pais,
Ou não sei quê moderno — não concebo bem o quê —,
Tudo isso, seja o que for, que sejas, se pode inspirar que inspire!
Meu coração é um balde despejado.
Como os que invocam espíritos invocam espíritos invoco
A mim mesmo e não encontro nada.
Chego à janela e vejo a rua com uma nitidez absoluta.
Vejo as lojas, vejo os passeios, vejo os carros que passam,
Vejo os entes vivos vestidos que se cruzam,
Vejo os cães que também existem,
E tudo isto me pesa como uma condenação ao degredo,
E tudo isto é estrangeiro, como tudo.)

Vivi, estudei, amei, e até cri,
E hoje não há mendigo que eu não inveje só por não ser eu.
Olho a cada um os andrajos e as chagas e a mentira,
E penso: talvez nunca vivesses nem estudasses nem amasses nem
[cresses
(Porque é possível fazer a realidade de tudo isso sem fazer nada
[disso);

Talvez tenhas existido apenas, como um lagarto a quem cortam
                                                                           [o rabo
E que é rabo para aquém do lagarto remexidamente.

Fiz de mim o que não soube,
E o que podia fazer de mim não o fiz.
O dominó que vesti era errado.
Conheceram-me logo por quem não era e não desmenti,
                                                                             [e perdi-me.
Quando quis tirar a máscara,
Estava pegada à cara.
Quando a tirei e me vi ao espelho,
Já tinha envelhecido.
Estava bêbado, já não sabia vestir o dominó que não tinha tirado.
Deitei fora a máscara e dormi no vestiário
Como um cão tolerado pela gerência
Por ser inofensivo
E vou escrever esta história para provar que sou sublime.

Essência musical dos meus versos inúteis,
Quem me dera encontrar-te como coisa que eu fizesse,
E não ficasse sempre defronte da Tabacaria de defronte,
Calcando os pés a consciência de estar existindo,
Como um tapete em que um bêbado tropeça
Ou um capacho que os ciganos roubaram e não valia nada.

Mas o Dono da Tabacaria chegou à porta e ficou à porta.
Olho-o com o desconforto da cabeça malvoltada
E com o desconforto da alma mal-entendendo.
Ele morrerá e eu morrerei.
Ele deixará a tabuleta, eu deixarei versos.
A certa altura morrerá a tabuleta também, e os versos também.
Depois de certa altura morrerá a rua onde esteve a tabuleta,
E a língua em que foram escritos os versos.

Morrerá depois o planeta girante em que tudo isto se deu.
Em outros satélites de outros sistemas qualquer coisa como gente
Continuará fazendo coisas como versos e vivendo por baixo de
[coisas como tabuletas,
Sempre uma coisa defronte da outra,
Sempre uma coisa tão inútil como a outra,
Sempre o impossível tão estúpido como o real,
Sempre o mistério do fundo tão certo como o sono de mistério
[da superfície,
Sempre isto ou sempre outra coisa ou nem uma coisa nem outra.
Mas um homem entrou na Tabacaria (para comprar tabaco?)
E a realidade plausível cai de repente em cima de mim.
Semiergo-me enérgico, convencido, humano,
E vou tencionar escrever estes versos em que digo o contrário.

Acendo um cigarro ao pensar em escrevê-los
E saboreio no cigarro a libertação de todos os pensamentos.
Sigo o fumo como uma rota própria,
E gozo, num momento sensitivo e competente,
A libertação de todas as especulações
E a consciência de que a metafísica é uma consequência de estar
[mal-disposto.

Depois deito-me para trás na cadeira
E continuo fumando.
Enquanto o Destino mo conceder, continuarei fumando.
(Se eu casasse com a filha da minha lavadeira
Talvez fosse feliz.)
Visto isto, levanto-me da cadeira. Vou à janela.

O homem saiu da Tabacaria (metendo troco na algibeira das
[calças?).
Ah, conheço-o; é o Esteves sem metafísica.
(O Dono da Tabacaria chegou à porta.)

Como por um instinto divino o Esteves voltou-se e viu-me.
Acenou-me adeus, gritei-lhe *Adeus ó Esteves!*, e o universo
Reconstruiu-se-me sem ideal nem esperança, e o Dono da
                                        [Tabacaria sorriu.

15-1-1928

APONTAMENTO

A minha alma partiu-se como um vaso vazio.
Caiu pela escada excessivamente abaixo.
Caiu das mãos da criada descuidada.
Caiu, fez-se em mais pedaços do que havia loiça no vaso.

Asneira? Impossível? Sei lá!
Tenho mais sensações do que tinha quando me sentia eu.
Sou um espalhamento de cacos sobre um capacho por sacudir.

Fiz barulho na queda como um vaso que se partia.
Os deuses que há debruçam-se do parapeito da escada.
E fitam os cacos que a criada deles fez de mim.

Não se zanguem com ela.
São tolerantes com ela.
O que era eu um vaso vazio?
Olham os cacos absurdamente conscientes,
Mas conscientes de si mesmos, não conscientes deles.

Olham e sorriem.
Sorriem tolerantes à criada involuntária.

Alastra a grande escadaria atapetada de estrelas.
Um caco brilha, virado do exterior lustroso, entre os astros.
A minha obra? A minha alma principal? A minha vida?
Um caco.
E os deuses olham-no especialmente, pois não sabem por que
[ficou ali.

(1929)

ANIVERSÁRIO

No tempo em que festejavam o dia dos meus anos,
Eu era feliz e ninguém estava morto.
Na casa antiga, até eu fazer anos era uma tradição de há séculos,
E a alegria de todos, e a minha, estava certa com uma religião
[qualquer.

No tempo em que festejavam o dia dos meus anos,
Eu tinha a grande saúde de não perceber coisa nenhuma,
De ser inteligente para entre a família,
E de não ter as esperanças que os outros tinham por mim.
Quando vim a ter esperanças, já não sabia ter esperanças.
Quando vim a olhar para a vida, perdera o sentido da vida.

Sim, o que fui de suposto a mim-mesmo,
O que fui de coração e parentesco.
O que fui de serões de meia-província,
O que fui de amarem-me e eu ser menino,
O que fui — ai, meu Deus!, o que só hoje sei que fui...
A que distância!...
(Nem o acho...)
O tempo em que festejavam o dia dos meus anos!

O que eu sou hoje é como a umidade no corredor do fim
[da casa,
Pondo grelado nas paredes...
O que eu sou hoje (e a casa dos que me amaram treme através
[das minhas lágrimas),
O que eu sou hoje é terem vendido a casa,
É terem morrido todos,
É estar eu sobrevivente a mim-mesmo como um fósforo frio...

No tempo em que festejavam o dia dos meus anos...
Que meu amor, como uma pessoa, esse tempo!
Desejo físico da alma de se encontrar ali outra vez,
Por uma viagem metafísica e carnal,
Com uma dualidade de eu para mim...
Comer o passado como pão de fome, sem tempo de manteiga
[nos dentes!

Vejo tudo outra vez com uma nitidez que me cega para o que
[há aqui...
A mesa posta com mais lugares, com melhores desenhos
[na loiça, com mais copos,
O aparador com muitas coisas — doces, frutas, o resto na
[sombra debaixo do alçado —,
As tias velhas, os primos diferentes, e tudo era por minha causa,
No tempo em que festejavam o dia dos meus anos...

Para, meu coração!
Não penses! Deixa o pensar na cabeça!
Ó meu Deus, meu Deus, meu Deus!
Hoje já não faço anos.
Duro.
Somam-se-me dias.
Serei velho quando o for.

Mais nada.
Raiva de não ter trazido o passado roubado na algibeira!...

O tempo em que festejavam o dia dos meus anos!...

15-10-1929

POEMA EM LINHA RETA

Nunca conheci quem tivesse levado porrada.
Todos os meus conhecidos têm sido campeões em tudo.

E eu, tantas vezes reles, tantas vezes porco, tantas vezes vil,
Eu tantas vezes irrespondivelmente parasita,
Indesculpavelmente sujo,
Eu, que tantas vezes não tenho tido paciência para tomar banho,
Eu, que tantas vezes tenho sido ridículo, absurdo,
Que tenho enrolado os pés publicamente nos tapetes das etiquetas,
Que tenho sido grotesco, mesquinho, submisso e arrogante,
Que tenho sofrido enxovalhos e calado,
Que quando não tenho calado, tenho sido mais ridículo ainda;
Eu, que tenho sido cômico às criadas de hotel,
Eu, que tenho sentido o piscar de olhos dos moços de fretes,
Eu, que tenho feito vergonhas financeiras, pedido emprestado
[sem pagar,
Eu, que, quando a hora do soco surgiu, me tenho agachado
Para fora da possibilidade do soco;
Eu, que tenho sofrido a angústia das pequenas coisas ridículas,
Eu verifico que não tenho par nisto tudo neste mundo.

Toda a gente que eu conheço e que fala comigo
Nunca teve um ato ridículo, nunca sofreu enxovalho,
Nunca foi senão príncipe — todos eles príncipes — na vida...

Quem me dera ouvir de alguém a voz humana
Que confessasse não um pecado, mas uma infâmia;
Que contasse, não uma violência, mas uma cobardia!
Não, são todos o Ideal, se os oiço e me falam.
Quem há neste largo mundo que me confesse que uma vez foi vil?
Ó príncipes, meus irmãos,

Arre, estou farto de semideuses!
Onde é que há gente no mundo?

Então sou só eu que é vil e errôneo nesta terra?

Poderão as mulheres não os terem amado,
Podem ter sido traídos — mas ridículos nunca!
E eu, que tenho sido ridículo sem ter sido traído,
Como posso eu falar com os meus superiores sem titubear?
Eu, que tenho sido vil, literalmente vil,
Vil no sentido mesquinho e infame da vileza.

Sobre o autor

Fernando Pessoa (1888-1935) é considerado um dos maiores poetas da língua portuguesa, tendo destaque também universal, devido à grandiosidade e importância de sua obra. Sua maior criação estética são os heterônimos, personagens poéticas que apresentam uma biografia, uma visão de mundo e uma linguagem individual bem distintas das do próprio poeta.

Conheça os títulos da
Coleção Clássicos para Todos

A Abadia de Northanger – Jane Austen
A arte da guerra – Sun Tzu
A revolução dos bichos – George Orwell
Alexandre e César – Plutarco
Antologia poética – Fernando Pessoa
Apologia de Sócrates – Platão
Auto da Compadecida – Ariano Suassuna
Como manter a calma – Sêneca
Do contrato social – Jean-Jacques Rousseau
Dom Casmurro – Machado de Assis
Feliz Ano Novo – Rubem Fonseca
Frankenstein ou o Prometeu moderno – Mary Shelley
Hamlet – William Shakespeare
Manifesto do Partido Comunista – Karl Marx e Friedrich Engels
Memórias de um sargento de milícias – Manuel Antônio de Almeida
Notas do subsolo & O grande inquisidor – Fiódor Dostoiévski
O albatroz azul – João Ubaldo Ribeiro
O anticristo – Friedrich Nietzsche
O Bem-Amado – Dias Gomes
O livro de cinco anéis – Miyamoto Musashi
O pagador de promessas – Dias Gomes
O Pequeno Príncipe – Antoine de Saint-Exupéry
O príncipe – Nicolau Maquiavel
Poemas escolhidos – Ferreira Gullar
Rei Édipo & Antígona – Sófocles
Romeu e Julieta – William Shakespeare
Sonetos – Camões
Triste fim de Policarpo Quaresma – Lima Barreto
Um teto todo seu – Virginia Woolf
Vestido de noiva – Nelson Rodrigues